J. M. M. Einzinger von Einzing

Ludmillens zu Bogen Brauttag mit Herzog Ludwig in Bayern

Ein vaterländisches Originallustspiel in 5 Aufzügen

J. M. M. Einzinger von Einzing

Ludmillens zu Bogen Brauttag mit Herzog Ludwig in Bayern
Ein vaterländisches Originallustspiel in 5 Aufzügen

ISBN/EAN: 9783743603813

Hergestellt in Europa, USA, Kanada, Australien, Japan

Cover: Foto ©ninafisch / pixelio.de

Weitere Bücher finden Sie auf **www.hansebooks.com**

Ludmillens zu Bogen Brauttag

mit dem

Herzog Ludwig

in Baiern.

Ein vaterländisches
Originallustspiel
in fünf Aufzügen.

München,

Personen.

Ludwig, Herzog in Baiern.
Ludmille, verwittwete Gräfinn von Bogen.
Conrad, Bischof zu Regensburg.
Leopold, Graf von Bogen, Probst bey der alten Kapelle zu Regensburg.
Perthold, Graf von Bogen.
Albert IV, Graf von Bogen.
Heidwig, Fräulein Gräfinn von Bogen.
Zenger, herzoglicher Oberststallmeister.
Eckmüller, herzogl. Oberstjägermeister.
Wolfram, Abbt zu Oberalteich.
Kaponi, herzogl. Hoffourier.
Nußberger, Gräf=Bognerischer Schenk.
Kammerauer, Gräf=Bognerischer Kammerer.
Stichi, herzogl. Hofnarr.
Schwarzibini, Zauberer bey Landau.
Staches, Wirth von Landau.
Lullia, Kräutlweib von Landau.
Bertha, Böthinn von Bogen.
Die Schloßwache nebst Amtleuten, und Gräf=Bognerischen Hofbedienten.

Der Schauplatz ist in einem Wirthshause in der Gegend Landau in Baiern, und zu Bogen im gräflichen Schlosse.

* * *

Um das Jahr 1204. gewann Herzog Ludwig in Baiern, ein Sohn des baierschen Herzogs Otto des Größern eine Liebe zu Ludmille, des Königs Primislaus aus Böheim Prinzeßinn Tochter, und Wittib des Grafen Alberts des III. von Bogen. Der Herzog warb lange um die Gunst dieser schönen, klugen, und eines solchen Glücks wohl würdigen Gräfinn. Gleichwie sie aber ihm Zeugenlos ewige Liebe zu zuschwören sich stets weigerte, also verlangte sie zum Voraus, Herzog Ludwig soll ihr in ihrem Zimmer die Ehe vor dreyen Zeugen angeloben; nämlich vor dreyen an dem Teppich der Bettstatt angemalten Männern. Kaum sagte Ludwig einstens in der Meynung Ludmille scherze, zu; so zog sie den hintern Fürhang des Betts auf, und wies ihm drey adeliche Ritter, welche sie darunter versteckt hatte, damit sie Zeugen des Versprechens seyn sollten. Ludwigen verdroß diese Täuschung, und er rächte sie durch seine Entfernung. Er zog ein ganzes Jahr, mit sich selbst und seinen geliebten Gegenstand im Streit, in Baiern herum tum; bis er endlich von der Unmöglichkeit seine Neigung gegen der Gräfinn zu unterdrücken, überzeugt, und von ihren schönen Tugenden und feinen Witz mehr als jemals eingenommen, einstens, an einem Abend spät nach Landau kam, von da noch in selbiger Nacht nach Bogen gieng, und sein Eheversprechen mit Ludmillen in Erfüllung brachte; welche ihme hierauf seinen Nachfolger Otto den Erlauchteten gebahr.

VITUS AMPEKIUS in Chron. Bajoar. lib. V. cap. 17. apud Bern. Pez in Thesaur. Anecdot. tom. III. p. III. col. 257.

Die Handlung fängt wenige Stunden vor Sonnen-Untergang zu Landau in Baiern an, und endiget nach Mitternacht in dem Markt Bogen, der etliche Meilen der Stadt Landau gegenüber jenseits der Donau liegt.

Erster

Erster Aufzug.

Das Theater stellet eine rauhe Gegend vor; auf einer Anhöhe zeigen sich die Ueberbleibseln der uralten Stadt Apona, so heut zu Tage Landau heisset; man siehet allda ein Wirthshaus nebst einen Pferdestall an der Landstrasse; ohnweit davon stehet eine Huffschmiedte.

Erster Auftritt.

Zenger, Raponi.

Zenger (tritt aus dem Pferdestall, die Reitpeitsche über die Achsel hängend) Aller Orten, wo unser Herzog auf seiner Reise hinkömmt, wird das Volk durch seine Leutseligkeit, Güte, Klugheit und Einsicht in die Landesökonomie in Verwunderung gesetzet. Werther Raponi! der Himmel scheint unserm Vaterlande einen Regenten gegeben zu haben, unter dessen Regierung dasselbe um soviel wieder zunehmen wird, als ihr durch die vorige Staatsveränderung entgangen ist.

Raponi. So eben sahe ich einen neuen Beweis der unumschränkten Leutseligkeit und Güte unsers gnädigsten Landesherrn.

Zenger.

Zenger. Wie da? was hat Er gesehen?

Kaponi. Da der gnädigste Herr hier vorm Wirthshause abstieg, und mit dem Herrn Oberstjägermeister, während daß Jhro Excellenz im Stall waren, ins Zimmer über die Stiegen sich hinaufbegeben wollte, und also vor des Wirths Kuchel vorbey gieng, so erblickte er darinnen die Wirthstochter; sie butzte eben dazumal das Kuchelgeschirr. Der Herzog blieb stehen, betrachtete selbige, und fragte sie: ob sie die Tochter vom Hause sey? das Mädchen wurd hierüber blutroth, und konnte vor Schrecken nichts antworten. Der Herzog fragte abermal: bist du die Wirthstochter? wie heissest du? Nun wollte sie gar davon laufen; ihre Mutter aber, so eben zugegen war, schrie ihr zu: Annamiedl sey nicht so scheu; bleib da und rede! antworte auf das, um was dich der gnädigste Herr gefragt hat. Endlich kehrte sie sich um und sagte: gnädigster Herr, ich bin die Wirthstochter, und heiße Annamiedl. Bist du wohl die einzige Tochter, oder hast noch mehr Geschwistere? fragte der Herzog. Ich habe noch drey Schwestern, sagte sie, und zween kleine Brüder. Der Herzog tratt um einen Schritt näher zu ihr und sagte: warum hast du rothe Augen? Hast du sie beym Feuer schon so stark verdorben, oder weinest du gar? Hier nahm das Mädchen das Fürtuch vor die Augen, und fieng bitterlich zu weinen an; der Herzog sagte sodann: ich sehe wohl, du weinest; was fehlet dir? Hat dir jemand etwas zu Leide gethan? Vielleicht einer von meinen Leuten? Die Wirthstochter versetzte: Nein, gnädigster Herr, niemand davon. Hierauf fiel die Mutter in die Rede und sagte: bestehe es nur, schlimmes Kind! warum du weinest, so wirst brav ausgelacht; gnädigster Herr! aus einer Unmöglichkeit, fuhr sie fort, kann man keine Möglichkeit machen. Das Heyrathen liegt

ihr

ihr im Sinne. Sie will einen Buben heyrathen, der fast nichts von Hause aus hat: und sie hat auch nichts; denn wir können ihr bey sechs lebendigen, und noch unversorgten Kindern nicht alles anhängen; und so können wir sie nicht zusammen heurathen lassen. Worauf der Herzog sagte: es ist ein Elend um die armen Leute, wenn sie gern heyratheten, und ihnen niemand hilft. Wer ist denn ihr Liebhaber? die Mutter antwortete: der Mirtl, ein Bauernsohn von 20 Jahren; sein Vater kann ihm den Hof noch nicht übergeben; sie müssen demnach gleichwohl in Gottes Namen warten, bis der Vater stirbt, oder es muß sich ein jedes um eine vermögliche Parthie umsehen. Der Herzog hörte ihr lächelnd zu; endlich fieng er mit dem Mädchen an zu scherzen, und gab ihr eine räthselhafte Frage auf.

Zenger. Wie lautete das Räthsel?

Kaponi. Mein Vater gebt mir doch, was ich
   noch nie gehabt,
 Und ihr nicht haben könnt, so bin ich
   wohl begabt.

Zenger. Ein artiger Scherz. Löste sie wohl dies Räthsel auf?

Kaponi. Ey ja. Die bin ich gewiß selbst, antwortete sie, weil ich einen Mann von meinem Vater begehre, den er nicht haben kann.

Zenger. Ey, was nicht der Mutterwitz macht!

Kaponi. Gut, recht gut, versetzte der Herzog; das Mädchen hat Witz. Annamiedl! suche dir aus meinen Jägern oder Reitknechten einen heraus, ich will euch zusammen heyrathen lassen. — Die Wirthstochter kehrte sich flucks um und sagte: ich tauge nicht zum Fürstenhofe, und auch nicht in eine Stadt; ich mögte nur einen Hof aufn Land untern Bauern haben. Ich und mein Mirtl wollten den Hof rechtschaffen herbauen; der Mirtl bettet und arbei-

arbeitet gern; er ist stark und gesund, und hat mich gern. Der Herzog sagte: meine Leute sind auch stark und gesund; allein das Mädchen ließ von ihrem Mirtl nicht ab. O! keinen so schönen Buben giebts nicht, sagte sie, wie mein Mirtl ist. Es steht ihm sein Gewandt und seine neue Hosen so schön an, und sein runder Hut bildet ihn prächtig; er steht ganz steif vor mir da; ist durchaus sauber und reinlich, und hat nicht den geringsten Schmutz oder Flecken in seiner Joppen; er ist der schönste Bub im Dorf, er siehet mich gern, und ich sehe ihn gern, warum sollen wir nicht zusammen heyrathen? Schweig! schrie die Mutter, wenn lang der Bub schön und brav ist, und kann dich nicht erhalten. Wollt ihr mit einander betteln, und dem Dorf zur Last fallen? Der Bub ist freylich brav, fromm und bey harter Arbeit erzogen; er hat, es ist wahr, ein witziges Köpfl, und versteht den Ackerbau, und das ganze Bauernwesen von Grunde aus; seine Eltern haben ihn brav abgericht und wohl erzogen; allein, weil er nichts hat, so muß er gleichwohl auch dienen, wie du, und das Heyrathen müßt ihr euch beyde vergehen lassen. Das Mädchen schwieg still, und beantwortete die Rede ihrer Mutter bloß mit Seufzer. Der Herzog, der gute Herzog, war schon ganz Menschengefühl, er machte dem Prozesse mit folgenden Worten ein Ende: Annamiedl! du und dein Mirtl sollt eher noch ein Ehepaar seyn, als ich von hiesiger Gegend abreise; ich schenke euch einen öden Hof bey Dinglfing, Holz und Baumaterialien, dann alle Bauinstrumente, was ihr dazu nöthig habt, sofort auch 10 Freyjahre; wo ihr von allen Abgaben und Scharwerken befreyet seyn sollet, und dann ein baares Stück Geld dareth, damit ihr zu Hausen anfangen könnet. Gehe hin zum Pfarrer, lasse dich morgen auf mein Wort

mit

mit deinem Mirtl einsegnen. Der Herzog hatte diese Worte kaum gesagt, fielen ihm Mutter und Tochter zu Füssen, und ganz erstaunt über dies unverhofte Glück und die Güte des gnädigsten Herrn fiengen beyde vor Freuden zu weinen an, dankten vielmal, und küßten ihm Hände und Füsse. Der Herzog aber gieng aus der Kuchel, und verfügte sich mit dem Herrn Oberstjägermeister in das für ihn zubereitete Zimmer.

Zenger. Dieß ist viel, recht viel. So haben doch alle Gnadenbezeugungen unseres Landesherrn etwas in sich, über das man erstaunen muß. Die Art Gutes zu erweisen ist bey ihm ganz etwas ausserordentliches, und übertrifft nicht selten die Gnade selbst. — Und so lange hat der Herzog mit diesen geringen Leuten gesprochen?

Kaponi. Ja, so lang; und mit der gnädigsten Miene hat er gesprochen, und zugehört.

Zenger. Wenn unser gnädigster Herr so fortfahrt, so muß ihn nicht nur der Adel und der Burger, sondern auch der Bauer immer mehr und mehr lieben. Dieser war ein artiger Vorfall, den will ich mir merken.

Kaponi. Ja, ein Vorfall, der das Herz rührte; ich konnte mich kaum des Weinens enthalten.

Zenger. Was sagt Er da? War der Vorfall gar so rührend? Der Herzog und Er sind gewiß selbsten darinn verliebt geworden?

Kaponi. O nein! ich schätze die Tugend bey einem jeden Menschen. Allein, in einem schönen Körper kommt mir die Tugend glänzender vor, als in einem ungestalten; dessentwegen paßirt man aber nicht gleich bey der Welt für verliebt.

Zenger. Der Herzog bewunderte doch den Witz des Mägdchens; er wollte ihr einen Jäger oder Stallknecht geben, wovon ich doch auch wissen müßte.

Kaponi.

Kaponi. Mir stehet es nicht zu, die Handlungen meines gnädigsten Herrn zu beurtheilen. Und wenn auch der Herzog darein verliebt gewesen wäre, so möchte ich nicht gern sein Rival seyn.

Zenger. Anfangs bewundert man den Witz beym weiblichen Geschlecht, hernach entsteht eine Hochachtung, und aus der Hochachtung eine Liebe. Wie sich dann ein solches Liebesfeuer in dem Herzen unsers Herrn gegen der Ludmille, Gräfinn von Bogen, in solcher Gradation entzündet hat, daß er Tag und Nacht nicht mehr recht ruhen kann.

Kaponi. Unser Landsherr ist noch in der Blüthe seiner Jugend, bey bester Leibesstärke und Gesundheit, und die Jugend scherzet gern.

Zenger. Aus diesem Scherze wäre aber bald ein Ernst geworden, wenn nicht die Ludmille selbst durch Beyziehung dreyer Ritter als Zeugen den Gespaß verdorben hätte. Sie hat das Eheversprechen listiger Weise vom Herzoge heraus gelocket. Und dieß verdroß dem Herzog dergestalten, daß er gleich auf der Stelle sich von Bogen entfernete. Nun ist es an dem, daß wir dem Herzoge durch Jagen, Reisen und Bauen, alle Zeit benommen, auf die Ludmilla zurück zu denken. Laß Er bey Leibe nicht den Namen Ludmille aus seinem Munde hören, damit der Herzog nicht daran erinnert werde.

Kaponi. Diesem Befehle werde ich fleißig nachkommen, und wohl acht haben, daß dieser Name bey Hofe von niemand ausgesprochen werde.

Zenger. Gut, mache Er es so. Ich muß gehen und mich umkleiden, um bey der Tafel erscheinen zu können. (will abgehen)

Zweyter Auftritt.
Stichi und die Vorigen.

Stichi. Jhro Excellens! Jhro Excellenz! Herr Oberststallmeister hörens mich an. — Nur ein paar Wort.

Zenger. Wer ruft mir? Was willst du Stichi?

Stichi. Ich habe erst mein Leibpferd zur Tränk führen lassen, um es zu schwemmen und zu tränken; allein die Halfter ist mir weggekommen, weiß nicht wie; und das Pferd hat auch die vordern zwey Eisen am Hufe verlohren, und die hintern zwey schlappern, so stark bin ich gallopirt.

Zenger. Warum gallopirtest du so stark?

Stichi. Ich habe mich zu Dinglfing ein wenig zu lang beym Koch verweilet, und da hieß es dann: gallopire über Hals und Kopf, damit du den gnädigsten Herrn noch einhohlest. Ich bitte Jhro Excellenz, Sie wollen mir alles machen lassen.

Zenger. Warum nicht? es muß wohl seyn, damit du auf der Reise nicht hinten bleibest. Laß das Pferd nur beschlagen, wenn es dasselbe anders noch werth, und nicht ganz und gar zu Grunde geritten ist.

Stichi. Glauben Jhro Excellenz, ich reite ein so schlechtes Roß? bey Leibe nicht; ich hab eines aus den besten des Hofstalls.

Zenger. Was weißt du von Pferden im Hofstall. Du kennest just so viel davon, als der Blinde von der Farbe. Du weißt nicht, was ein gutes Roß ist.

Stichi. Ich? — weiß alle Qualitäten, die ein gutes Pferd haben muß. Alle Eigenschaften sind mir davon bekannt.

Zenger. So sage mir dann kürzlich, wie viel Qualitäten muß ein gutes Roß haben?

Stichi.

Stichi. Zwo Qualitäten von Haasen, zwo von Füchsen, zwo von Wolf, zwo von Esel, und zwo von Frauen: und diese sind alle zehen guten Eigenschaften.

Zenger. Du bist ein läppischer Kerl. Erkläre dich deutlicher, wenn du es brav machest, so sollst du allzeit eines von den besten Pferden im Hofstall haben, so oft du ausreuten willst, oder mit dem Hof ausreutest.

Stichi. Nun sage ichs gern; Ihro Excellenz, merkens wohl auf. Ein gutes Roß soll erstens schnell laufen, und zweytens sich hin und wieder, rechts und links, wie ein Haase, wenden können. Ein gutes Pferd soll ein gutes Gesicht, und einen dicken langen Schwanz haben, wie ein Fuchs.

Zenger. Du redest alles durch Gleichnisse.

Stichi. Ja freylich, dieß ist meine Methode. Es geschiehet von darum, damit man mich leichter begreifet. Ferners soll ein gutes Pferd wohl fressen, und sanft traben, wie ein Wolf. Es soll einen harten Huf und starken Rückgrad haben, wie ein Esel. — Jetzt mag ich aber nichts mehr sagen.

Zenger. Rede fort, und mache es kurz. Wir haben erst acht Qualitäten gehört.

Stichi. Die letzten zwo sind, daß ein gutes Pferd stolz seyn soll, und gern aufsitzen lasse, wie die Frau —

Zenger. Du bist ein Flegel. Stichi, ich glaube du hast einen familiaren Geist, der dir solche Scheimereyen eingiebt. (Zenger geht ab)

Kaponi. Was hast du denn da für eine Frau gemeint? etwa des Herrn Oberstallmeisters seinige?

Stichi. Eine jede gute Frau insgemein; die nicht so feindselig ist, wie die Gräfinn Ludmille, die immer abschlägige Antwort giebt.

Kaponi.

Kaponi. Eben recht, daß du die Ludmille nennest; just hat der Herr Oberststallmeister mir aufs schärfste verbotten, den Namen Ludmille nicht auszusprechen, noch zu gestatten, daß es jemand bey Hofe thue.

Stichi. Ist es wahr? warum dies?

Kaponi. Damit der Herzog den Namen nicht höre, sonst möchte er dadurch an die Gräfinn von Bogen erinnert werden; es könnte ihn hernach leicht die Lust anwandeln von hier nach Bogen zu reisen. Da wäre unsere Jagdbarkeit wieder eingestellt; sie läßt den Herzog nicht gern jagen, damit ihm kein Unglück, wie sie sagt, auf der Jagd aufstoße.

Stichi. Dies sind kahle Ausreden; allein ich kann mein Maul schon halten. Darf man auch nicht scherzweise von ihr reden?

Kaponi. Gar nicht. Deine Scherze sind ohnedem bisweilen abgeschmackt. Erst jetzt scherztest du mit dem Herrn Oberststallmeister, als wenn du seines Gleichen wärest; anstatt daß du dich bey ihm mit Manier hättest entschuldigen, und wegen deines Zurückbleibens um Verzeihung bitten sollen.

Stichi. Nicht recht. Erstlich, ist einem Tischrath, wie ich bin, mehr erlaubt, als einem andern. Zweytens, wie hätte ich mich bey ihm entschuldigen sollen? Hätte ich etwa sagen sollen, daß ich den Weinhändler zu Dingelfing, eben zur Zeit da er mich betrügen wollte, betrogen, und mich dort zu lang verweilet habe?

Kaponi. Schön, Stichi! so hast du den Weinhändler auch betrogen? kömmt denn niemand von dir weg, ohne daß er angeführt worden ist?

Stichi. Ja, hören Sie nur einmal! es ist ihm ganz recht geschehen. Ich wills kurz machen: Mein Schwager, der Gerichtschreiber zu Dingelfing haltet

tet seinem Oberschreiber die Hochzeit aus. Nun wollte mein Schwager ein Faß Wein dazu vorkaufen, theils die Gäste damit zu bedienen, theils unterm Jahre seinen eigenen Tischwein zu haben. Weil er aber das Bier besser kennet, als den Wein, so bat er mich, daß ich für ihn etwas Gutes einkaufen mögte; indem wir Hofleute öfters, und verschiedene Weine tränken, und also den Wein besser kennen, als die Leute aufm Lande. Ich sagte ihm zu und gieng zum Weinhändler.

Kaponi. Ich bilde mirs schon ein, du wirst wieder schöne Händel angefangen haben, wie vergangenes Jahr zu Kelheim, wo dich die Gärtnerinn einen Raupen und Krautkopf hin und her genennt hat, auch auf die letzt gar handgemein mit dir geworden ist, weil du ihre Blumenstöcke mit abgeschlagenen Gelde ausgezahlt hast.

Stichi. Nein, Kaponi! nein: ich hab dem Weinhändler gutes Geld gegeben; aber, weil er mich hat betrügen wollen, so ist er von mir betrogen, oder vielmehr mit Recht ausbezahlt worden. Hören Sie nur einmal:

Kaponi. So fang an zu erzählen, ich will dich anhören, wenn du es kurz machest.

Stichi. Ich gieng in Weinstadl; — da ich nun aus einem Faße, das ungefähr 3 oder 4 Ohmen halt, den Wein versuchte, so sagte ich zum Weinhändler, um die Wahrheit von ihm herauszulocken: Hört, guter Freund! ich brauche einen Wein für Hochzeitgäste; ich hätte aber gern, daß der Wein mit Wasser gemildert sey, damit er ihnen die Leber nicht entzündet, und der Dampf ihnen nicht zu schnell in die Köpfe steigen mögte. Ich schüttete also gern einen Theil Wasser in den Wein, welchen ich kaufe, falls noch kein Wasser darunter ist. Nun habe ich einen Mangel an Geschmack, und kann den Wein nicht recht versuchen; mit einem Wort,

Wort, ich gäbe einen schlechten Weinstecher ab. Saget mir, lieber Mann! ganz frey, wie viel Wasser ihr in das Faß gegossen habt, damit ich nicht zuviel nachschütte, und den Wein gähling gar verderbe? Sagt es keck heraus, da habt ihr meine Hand; ich nehme den Wein doch, wie ihr ihn gebothen habt. Durch diese glatte, und mit artigen Gebärden vorgebrachte Versprechung gänzlich bewegt, bekannte er frey und offenherzig: er habe einen halben Ohm Wasser darein geschüttet. Wohlan! sprach ich: es schadet nichts, ihr habt mich der Mühe überhoben, Wasser zu zuschütten. Gebt mir euer Zeichen, damit ich ins Ungeldamt gehe, um es zu lösen.

Kaponi. Mache es kurz, sage ich, ich muß zum Herzoge.

Stichi. Es ist gleich aus. Der Weinverderber gab mir das Zeichen; der Wein wurde vor meines Schwagers Haus geführt; die Faßzieher laden das Faß mit einer Schrotleiter ab, lassens in Keller mit Seilern hinunter, und legen es auf die Lagerbäume. Da es aber zur Bezahlung kam, war der Teufel Abbt. Weil ich nur den Wein, und nicht auch den halben Ohmen Wasser für Wein bezahlen wollte, so fieng der Bescheißer im Hause meines Schwagers an auf mich zu schimpfen, zu schwören, zu donnern, und das Haus voll zu fluchen. Ich drohte ihm mit dem Herrn Pfleger, und mit einer großen Strafe, sofern er mich dahin brächte, daß ichs der Obrigkeit klagen müßte. Der verschlagene und verschmitzte Weinverfälscher nahm endlich die Bezahlung mit Abzug des halben Ohmen Wassers an, und gieng ganz schäumend und schnaubend vor Zorn davon. Er knirschte mit den Zähnen, und war ganz beschämt, wie ein ungeschickter Geiger, der aus den Takt gekommen, und den Tanz verdorben hat.

Kaponi.

Kaponi. Dies ist ein lustiger Streich; ich will ihn beym Tisch erzählen, so haben andere auch etwas zu lachen. Der Weinverfälscher wird sich noch schämen.

Stichi. Freylich, er siehet ja, daß ihn derjenige so leicht geäffet, und übern Tölpel geworfen, den er für einfältig gehalten hatte. Aber, Herr Hoffourier, dem Herrn Oberststallmeister sagen Sie nichts davon, sonst mögte er mir das Geld wegen Beschlagung meines Pferds abziehen, und sagen: ich sey aus meiner Schuld zu spät hieher gekommen, und habe das Pferd so stark gespornet daß es die Eisen verlohr.

Kaponi. Ich sage ihm nichts; ich werde dir das Spiel nicht verderben. — Aber wer kommt dort her? Einer scheint ein Abbt zu seyn, und der andere der Wirth.

Dritter Auftritt.

Abbt Wolfram, Staches, und die Vorigen.

Staches. Ihr Herren! hier bring ich den Herrn Prälaten mit mir, er mögte gern Jhro Durchlaucht aufwarten.

Kaponi. Gut. Jhro Hochwürden, wer muß ich sagen, daß sie sind?

Wolfram. Der Pater Wolfram, Abbt von Oberaltaich.

Kaponi. Wollen Jhro Hochwürden mit mir ins Vorzimmer kommen, und alldort ein wenig verziehen, bis der Herr Oberststallmeister, und Herr Oberstjägermeister herausgehen. Beede sind ohnedem schon lange darinn, und werden also bald herauskommen, alsdenn sollen Sie gleich angemeldet werden.

Wol-

Wolfram. Ich werde nachfolgen. (beyde gehen ab)

Stichi. Wirth, können wir bald essen?

Staches. Ich weiß nicht was Sie in der Kuchel angeschafft haben. Sie sind ja erst angekommen, und meine Leute haben die Hände voll zu thun, um für den Herzog und seine Hofleute zu kochen. Ueberdies habe ich so den Kopf voll; morgen hat meine Tochter Hochzeit; der Herzog wills haben; einmal es ist wahr, ich weiß nicht wo mir der Kopf stehet.

Stichi. Der Kopf stehet auf den Hals; er stehet recht fest, bis ihn der Scharfrichter einmal wegschlagt.

Staches. Ey! ich bedanke mich; mit diesem Manne will ich nichts zu thun haben. Ist etwa der Herr ein Scharfrichter?

Stichi. Nein: ich gehöre zu des Herzogs Hofleuten; ich bin eine karakteristische Person.

Staches. Ja, dies ist ein anders, dies hab ich zuvor nicht gewußt; ich will gleich ein Gedeck mehr auf den Tisch bringen lassen. (will abgehen.)

Stichi. Bleibt jetzt da; — Laßt ein wenig mit Euch reden: wie heißt Ihr?

Staches. Wer? ich? ich heisse Staches; und es ist in der ganzen Revier bekannt, daß die Gäste am bëßten bey mir traktirt werden.

Stichi. Lobt Euch nicht selbst; eigenes Lob stinkt. — Saget mir, was habt Ihr vor einen Schild vor Euerm Wirthshause?

Staches. Hätt ihn der Herr angeschaut; dieserwegen hängt er ja draußen. Der Herr ist gewiß auf der unrechten Seite daher gekommen und gleich beym Roßstall abgestiegen, sonsten hätte der Herr den Schild ja sehen müssen.

Stichi. Par bleu! Sagt mir nicht noch einmal daß ich auf der unrechten Seite angekommen sey, oder —

Staches. Was oder? Sey der Herr nicht so wunderlich! es steigen wohl mehrere Gäste gleich beym Roßstall ab, weil ihre Pferde Ruhe und Futter nöthig haben. Noh, noh, ich hab halt einen silbernen Strigel zum Schild.

Stichi. Dies ist just das rechte Zeichen. —

Staches. Warum? hat noch niemand was dawider gehabt.

Stichi. Dies ist ein Zeichen, daß man in Euerm Wirthshause brav gestrigelt wird.

Staches. Ganz und gar nicht; rede mir der Herr nicht so hart. Wer ist denn der Herr? ich weiß Ihn nicht zu tituliren.

Stichi. Ich bin des Herzogs Rath; — und brauche er Respekt gegen mir, — oder —

Staches. Alleweil oder. — Mit Respekt zu melden, was sind Sie denn für ein Rath?

Stichi. Rathe eine Weile; laß hören, ob du darauf kommst?

Staches. Herr, wenn ich Zeit hätte, wollte ichs wohl errathen, oder doch erfragen. Ich muß gehen. (will fort, kehrt aber wieder um) Ist der Herr etwa ein Rath vom Hochgericht?

Stichi. Vom Hofgericht, Esel! willst sagen: nein, davon bin ich nicht.

Staches. Vielleicht ein Rath vom Hofstall, von der Kammer oder Kuchel?

Stichi. Nein, du errathst es nicht. Ich bin des Herzogs Tischrath.

Staches. Noh, noh! so hab ich doch nahe hingerathen; ein Kuchelrath oder Tischrath wird schier eins seyn.

Stichi. Sie seynd himmelweit unterschieden; du begreifst es nicht in deinem Bierkopf, was ein Tischrath ist. — Wenn ich nur bald etwas zu essen und zu trinken hätte.

Staches. Wenn dem Herrn Tischrath nicht beliebt auf die andern Hofleute zu warten, so muß

der

der Herr Tischrath gleichwohl mit meinem Weibe in der Kuchel reden.

Stichi. Jetzt titulirest mich recht. Dies heißet Respect haben gegen einen vornehmen Gast. — Ich will schon warten; aber sage mir zum Voraus was Gutes in der Kuchel ist.

Staches. Gesottenes und Gebrattenes; es ist keine Kuchel hier in der ganzen Gegend weit und breit herum, die so gut versehen ist, als die meinige. Die Gräfinn Ludmille von Bogen hat es selbst gesagt, wie sie hier gewesen ist.

Stichi. Ist denn die Gräfinn hier bey Euch gewesen?

Staches. Schon gar oft. Sie hat ja diesseits der Donau Aecker und Wiesen, und gar viele Unterthanen; sie kommt alle Jahre ein oder zweymal herüber, um ihren Sachen nachzusehen.

Stichi. Wird sie bald heyrathen, die Frau Gräfinn?

Staches. Davon weiß ich nichts; sie wäre schon noch einen braven Herrn werth; sie ist schön, klug, und ganz tugendhaft.

Stichi. Den Namen Ludmille must du nicht mehr aussprechen: der Herr Oberstallmeister hats verbotten; du fiellest bey ihm in Ungnade; ich darf selbst nichts davon sagen.

Staches. Warum nicht? Meinetwegen, ich kann schon davon schweigen.

Stichi. A propos! Giebts einen warmen Rebhun in der Kuchel?

Staches. Ja, aber derselbe gehört für den Herzog; die Hofleute bekommen auch schon etwas Gutes zu essen; ich wünsche dem Herrn guten Appetit. *(will abgehen)*

Stichi. Bleibt da! sage ich, an Appetit fehlt es mir nicht; ich habe bessere Lust zu beissen, als hinten auszuschlagen. — Ich mögte gern bald eine Suppe.

Staches.

Staches. Recht, ich esse auch gern viel Suppe.

Stichi. Ihr seyd gewiß ein Schwab, weil ihr sogern Suppen fresset.

Staches. Es ist wahr, ich bin ein rechter Suppenfresser, aber doch kein Schwab; ich wollte lieber ein Schelm seyn, wenns gleichviel gälte.

Stichi. Was? Ihr wollt Euer Vaterland verläugnen? Ich kenne es Euch an der Aussprache an, daß Ihr ein Schwab seyd; Ihr könnt es nicht läugnen.

Staches. Meine Geburtsstadt heißet Füssen, am Lech und an der Gränze des Schwabenlandes, wo der Paß ins Baiern und Tyrol ist, zu dem Bisthume Augsburg gehörig; ich bin ein Gränitzer und nicht mitten aus dem Lande Schwaben.

Stichi. Ihr redet freylich, als wenn Ihr Euern Verstand in Füssen hättet. Wisset Ihr denn nicht, daß der Saum an einem Zeug oder Tuch allezeit schlechter ist, als der Zeug oder das Tuch selbst? Der Franzos sagt: les lisieres sont pires, que le drap.

Staches. Ihro Pestilenz, Herr Tischrath, wer sind denn Sie? Sie reden ja wie ein Franzos.

Stichi. Excellenz habt Ihr sagen wollen?

Staches. Ja, ja, Herr Tischrath, Excellenz habe ich sagen wollen, aber ich kann nicht recht französisch aussprechen.

Stichi. Ich nehme den Titel Excellenz nicht an, und bediene mich auch desselben nicht in meiner Titulatur; der Geburt nach bin ich ein Nordgauer, und kein Franzos.

Staches. Allen Respekt für die Nordgauer; aber sind denn die Schwaben nicht auch ehrliche Leute?

Stichi. Ja freilig: aber dies gefällt mir nicht, daß man sagt: die neugebohrnen Kinder in Schwaben sollen, wie die Hunde, neun Tage blind bleiben. Ich mögte gern wissen, ob es denne also sey?

Staches.

Staches. Man sprenget zwar so etwas aus; allein man sagt auch für gewiß, daß das erste Ding, welches die Kinder bey Eröfnung ihrer Augen zu sehen bekommen, ein Nordgauer sey, welcher eine Kappe mit Schellen oder Glöckchen auf dem Kopfe trägt.

Stichi. Schau, der Flegel will mit mir scherzen, will den Respekt auf die Seite setzen, als wäre er meines Gleichen!

Stach. Herr Tischrath! Wurst wieder Wurst, heißet es bey den Wirthsleuten; ich habe einen größern Herrn vor meiner, als Sie sind. Nichts übel genommen, Herr Tischrath, jetzt kann ich mich nicht mehr länger aufhalten. Lassen Sies Ihnen schmecken, ich bringe gleich etwas Frisches vom Keller herauf. (geht ab)

Stichi. Wurst wieder Wurst, sagte der Schalk; der warf mir einen Brocken in den Hals, der mir noch darinne steckt. Der Erzschelm hat mich erwischt. Nu, wer Kegel scheiben will, muß auch aufsetzen. Dies erzähl ich niemand. Jetzt will ich in die Zechstube, und den Brocken mit einem Glas Bier hinunterschwenken. (geht ab)

Vierter Auftritt.

Zenger und Eckmüller kommen aus dem innern Zimmer des Herzogs in das Vorzimmer, wo sie den Abbt Wolfram und Kaponi antreffen.

Zenger. Empfehle mich Herr Prälat. Sie sind auch hier?

Eckmüller. Was ist dies für ein unverhoftes Glück, den Herrn Prälaten hier zu sehen? Wie kommen Sie hieher?

Wolfram. Gehorsamer Diener Ihre Excellenzien: es ist mir allemal eine große Gnade, wenn mir

mir erlaubt wird, Ihro Durchlaucht, meinem gnädigsten Landesherrn unterthänigst aufzuwarten. Ich würde nicht hier seyn, wenn ich nicht sichere Nachricht erhalten hätte, daß der gnädigste Herr heut von Dinglfing aus hieher kommen werde. Nun war ich eben vorgestern hier angelangt, um einige meiner Wiesen, die hier in der Gegend um Landau liegen, zu besichtigen, ob sie sich nicht dreymädig machen lassen.

Eckmüller. So ist doch alles gleich verrathen; Der Hof mag im Schloße zu Kelheim, oder anderswo auf dem Lande seyn! — Sie sind ein guter Oekonomus, und verbessern Ihre Landgüter.

Zenger. Verziehen Sie hier nur noch ein wenig, bis der Herzog mit Verfertigung seines Scartekels fertig ist. Er arbeitet just daran ganz allein, und wir beede entfernten uns dessentwegen.

Wolfram. Scartekel? — Ist mir ein unbekanntes Wort; es wäre denn, man verstünde das Verzeichniß der täglichen Ausgaben und Einnahme darunter, welches aber eine blosse Schreiberarbeit ist.

Zenger. Unser Herzog macht eigenhändig alle Tage seine Scartekel, um in seine Landeseinkünfte und Ausgaben vollkommene Einsicht zu bekommen.

Wolfram. Dies ist viel, recht viel! daß der Landesherr, sogar auf seiner Reise, sich mit solchen Arbeiten beschäftiget, welche andere Regenten insgemein ihren Räthen und Schreibern getrost überlassen. Hieran soll sich das ganze Land spiegeln.

Eckmüller. Der Herzog thuts aus ökonomischen Landesabsichten; sein Vormunder aber, der ihm diese Art Beschäftigung stark eingeprägt hat, hatte eine ganz andere Absicht, nemlich den möglichen Liebesausschweifungen des jungen Herzogs vorzubeugen. Wenn junge, starke und gesunde Herren nichts Reitzendes an der Hand haben, mit dem sie sich beschäftigen oder unterhalten können, so denken sie

sie beständig auf Liebeshändel; nun ist ja nichts
Reitzenders als Geld einnehmen und nachrechnen.

Zenger. Wir haben dieses Gegenmittel der ausschweifenden Liebe seinem Vormunder zu verdanken,
der uns beeden bestens befahl, den Herzog mit Jagen, Bauen, oder Landesherrlichen Amtsverrichtungen, wohin wir auch die Aufzeichnung der Einnahme und Ausgaben rechnen, wechselsweise und
stets zu unterhalten, damit er keine Zeit habe an
die Liebe vor der Zeit zu denken.

Wolfram. Es ist wahr, die Liebe ist die gefährlichste Klippe der Jugend; und keine Klippe
weiß von mehrern Schiffbrüchen zu reden, als die-
jenige, daran das Herz der in die Welt ausfliegen-
den jungen Herren, zu scheitern pflegt. Doch, da
die wenigsten Menschen aus ihren nothwendigen
Amtsverrichtungen sich ein Vergnügen machen, so
scheint mir, die Jagd und die Baukunst seyen weit
stärkere Mittel, das Gemüth von den Banden der
Liebe zu bewahren oder loszureissen, als eine treue
Amtsverwaltung.

Zenger. Sie reden recht gründlich, Herr Prälat! das Nachdenken und die Arbeit fliehet man;
und ohne fleißiges Nachdenken kann man sein Amt
nicht recht verrichten.

Eckmüller. Herr Prälat, hierinn gebe ich Ihnen auch Beyfall.

Zenger. Ich denke also: eine Sache, woran man
sich vergnügen soll, muß so beschaffen seyn, daß man
die Freyheit habe es zu thun, oder zu lassen. Sobald nun ein junger Regent seine Regierung antritt,
welche ihm die Pflicht auferlegt, daran fleißig zu arbeiten, so erwecket diese Pflicht bey ihm einen Eckel
vor der Arbeit, vom Nachsinnen und Studieren.
Wer demnach zu dergleichen Geschäften seine Zuflucht nimmt, um daher eine Arzney wider das Uebel der Liebe zu borgen, der könnte dies Mittel nicht
leicht unter die Ergötzlichkeiten mitrechnen.

Wolfram.

Wolfram. Es muß zwar ein ehrliebender Mensch sich aus seinen Pflichten ein Vergnügen machen, weil diese, seine Pflichten, ihm in seinem Amte zu dem höchsten Grade der Ehre den Weg bahnen; dem sey aber, wie ihm wolle, so bleibt es doch dabey, daß, gleichwie eine Leidenschaft die andere dämpfet, also auch kein sicheres Mittel sey, die Liebesglut zu löschen, als daß man sich einer andern Leidenschaft ergebe, weil das menschliche Herz sich wunderselten auf einmal zwoen gleich heftigen Leidenschaften überläßt, und daß also eine nothwendig die andere ersticke. Die Alten haben die Diana als keusch, und zugleich der Jagd eifrig ergeben, abgeschildert; sie haben auch den Hypolit als einen gegen die lasterhaften Zumuthungen der Phedrä unempfindlichen Jäger vorgestellet.

Eckmüller. Ja, ja: eine Leidenschaft richtet die andere zu Grunde, am meisten aber die Jagd, so die andern Affekten leicht bemeistert, und dies ist die Ursache, warum wir dem Herzoge hier wieder eine Jagd nach Leonburg eingerathen haben. Wollen Sie, Herr Prälat, uns morgen frühe Kompagnie leisten, so sind Sie Patron; ich will Ihnen eine gute Büchse geben.

Wolfram. Ich danke verbindlichst für diese Gnade; ich liege nicht krank an einem Liebesaffekt, dem ich eine solche Diversion zu machen suchen sollte. Ich muß gleich ins Kloster zurück: der Fisch gehört ins Wasser, und der Mönch ins Kloster.

Zenger. Sie würden uns aber dadurch verbinden; der Herzog würde Sie gern bey der Jagd sehen, und desto eher die Ludmille vergessen.

Wolfram. Denkt denn der gnädigste Herr noch an die Gräfinn Ludmille? Er ist ja schon bald Jahr und Tag nicht mehr zu Bogen gewesen.

Eckmüller. Freylich denkt er daran: nur gar zu oft, und zu seiner größten Unruhe. — Wenn Sie nicht wollten mitjagen, so erweisen Sie uns doch

doch einen andern Gefallen, und erinnern Sie den Herzog an die Fehler der Ludmille.

Wolfram. Ihro Excellenz scherzen mit mir: anderer Leute Fehler entdecken ist das Thun eines Mönchens nicht.

Eckmüller. Lieber Abbt! Sie müssen mich recht verstehen, es ist mir Ernst, ich scherze nicht. Das allerkräftigste Mittel sich von den Fesseln der Liebe loszureissen ist, daß man sich die an der geliebten Person bemerkten Fehler zum öftern nachdrücklich vorstelle.

Zenger. Kann man wohl auch an der geliebten Person einige Fehler entdecken? Die Liebe ist ja blind, wie man im Sprichwort sagt; also kann der Liebhaber die Unvollkommenheiten der Geliebten nicht sehen.

Wolfram. Lesen wir alle verliebte Poeten, so werden wir nicht einen finden, der seine Liebste nicht der Sonne an Glanz und Reinlichkeit in seinen Versen vergleichet. Sie legen ihren angebetteten Schönen alle Schönheiten, welche Praxiteles dem Venusbilde eingehauen, und alle Tugenden der größten Heldinnen bey.

Eckmüller. Ja, dies mag wohl bey denen also seyn, die sich selbsten ganz überlassen, mit Gewalt nicht genesen wollen; wer aber von andern ansehnlichen Leuten an die Mängel und Fehler seiner Geliebten erinnert wird, oder wer sich selbsten gern dem Liebsjoche entziehen will, der wird ohne grosse Mühe an der geliebten Person, wie weniger er auch darauf acht giebt, solche Fehler gewahr werden, welche hinreichend sind, das Feuer der Liebe zu ersticken.

Wolfram. Es ist wahr, durch Entdeckung der Fehler wird allgemach die Hochachtung, so man gegen die Geliebte heget, vermindert; mit Verminderung der Hochachtung fängt auch die Liebe, so sich auf die Hochachtung gründet, mehr und mehr abzunehmen

zunehmen an, bis sie endlich ganz und gar verschwindet. Aber, an was für Fehler und Mängel der Gräfinn Ludmille soll ich den Herzog erinnern? was hat sie für Mängel?

Leckmüller. Wenn ich unsern Baumeister zu Kelheim von der Liebe gegen der dicken Waldburge, die ihn ganz eingenommen, abwendig machen wollte, so würde ich ihm recht begreiflich vorstellen: daß die allzu starke Fettigkeit der Waldburge ihr viele Beschwerlichkeit verursache; daß ihre weisse Farbe nichts anders, als eine Würkung ihrer rothen Haare sey; daß ihre Beine im Umfang dreymal dicker, als ihre Weiche oder sogenannte Taille lang ist; daß sie nicht anders als wie ein Stock einhergehe; und daß, obschon ihr öfteres Lachen wegen den schönen Zähnen, die sie dadurch bloß sehen lassen will, liebreich und angenehm ist, es doch vernünftigen Leuten mißfallen müsse, weil das öftere Lachen ein Zeichen der Dummheit ist. Wenn ich den Koch Papinian seiner liebsten Berthe abwendig machen wollte, so erinnerte ich ihn, daß man an der Berthe einen Schnepfenleib, Heuschreckenarm, Schildkrötenbrust, einen Kranichshals, und das hagerste Gesicht von der Welt gewahr werde. Ich würde ihm auch zeigen, daß sie im Reden kühn, im Zorn schimpfend, in der Eifersucht wüthend, und so auch in ihrem Vergnügen herb und widerwärtig sey.

Zenger. Sie würden mich mit ihrer Schilderung einer solchen Braut sicher müde machen, und ich würde von der Liebe gern nachlassen.

Wolfram. Und was soll ich von der verwittweten Gräfinn von Bogen für eine Schilderung machen?

Leckmüller. Dies müssen Sie selbst wissen. Sie, als ein Nachbar, kennen ihre Mängel besser als wir. Wir lassen es Ihren Verstand über.

Wolfram. Ich weiß nichts, als Gutes und Löbliches von der Gräfin Ludmille. Vielmehr müßte ich

ich den mächtigen Schutz, den ihr seliger Gemahl wegen der über mein Kloster tragenden Advokatie auf ihr stetes Zureden uns Religiosen in Oberaltaich hat angedeihen lassen, bey dem gnädigsten Landesherrn anrühmen, und ihren exemplarischen Lebenswandel im Wittwenstande loben. Dieses fodern von mir Wahrheit und Dankbarkeit. Von Leibes- und Gemüthsmängeln weiß ich nichts.

Eckmül. Sowohl! so haben Sie ihren zwergmäßigen Leib, ihre knochenreiche Brust, ihr squeletonmäßiges Gesicht noch niemalen betrachtet? Hätte bald gesagt, ihre unterschämte Mine, womit sie alle ihre Worte und Werke begleitet, und unsern Herzog einnimmt. — Es ist ja schon eine landkündige Sache, daß sie mit ihren Coquetterieen unsern Landesherrn nicht nur allein in ihr verliebt gemacht, sondern auch vor drey Rittern affrontiret hat. Ueberdies verliehrt der Herzog mit den vielen Besuchungen, Hin- und Herreisen, und andern Lustbarkeiten nicht nur die zur Regierungsverwaltung nöthige Zeit, sondern auch seinen Ruhm. Wer sollte wohl glauben, daß ein so wohlgestalter, munterer und gesunder Herr, wie unser Herzog ist, sich in eine abgelebte traurige Wittwe so verlieben sollte, daß er sie zu ehelichen gedächte? Bloße Liebesausschweifungen sind es, die den guten Ruf des Herzogs bekränken, und ihm an einer anständigeren Ehe hinderlich seyn müssen; den großen Geldaufwand, und die häufigen Geschenke, so Er der Ludmille von Zeit zu Zeit machte, zu geschweigen.

Senger. Die Wittwen sind geldgierig und geizig; man muß beständig schenken. Durch das Geld kann man sie aber leiten und führen, wozu und wohin man will: das Geld hat bey den Wittwen eben die Wirkung, wie ein Ring in der Nasen eines Büffelochsen. Wofern man ihnen nicht den goldenen Ring an die Nasen legt, so werden sie sich nimmermehr führen und leiten lassen. — Glauben Sie uns,

Herr

Herr Prälat, es wäre anständiger, der Herzog machte diese Liebkosungen einer wohlausgewachsenen und schönen Fräulein Gräsinn von Ortenburg, oder einer weisen und sanftmüthigen Fräule Gräsinn von Leonsberg: beyde sind Ausbund von Schönheit und Tugend.

 Wolfram. Das kann ich nicht fassen: ich weiß nicht, was ich denken oder reden soll! Die Leibsgebrechen und Mängel, welche der Herr Oberstjägermeister der Gräsinn Ludmille zur Last legen, hat sie nicht an ihr: ich kann es mit Wahrheit nicht sagen; sie ist schön, klug und wohl ausgewachsen.

 Eckmüller. Es liegt nichts daran, ob sie es mit oder Wahrheit sagen; wenn nur der Herzog dadurch von der Liebe zur Ludmille abgezogen wird. Die Absicht ist gut, und eine gute Absicht rechtfertiget auch dergleichen Unwahrheiten.

 Wolfram. Diese ist nicht meine Lehre, noch die Lehre der christlichen Kirche: man muß bey der Wahrheit bleiben. Die Absicht, den Herzog von dieser Liebe abzuziehen, kann aus Staatsursachen hergeleitet seyn; unterdessen darf man sich niemalen der Unwahrheiten, Verläumdungen oder anderer bösen Mitteln bedienen, um eine gute Absicht zu erreichen.

 Eckmüller. Ich sehe schon, Sie haben eine andere Moral.

 Wolfram. Meine Moral gründet sich auf Vernunft, Billigkeit, Menschlichkeit und Religion. — Es ist wahr, Ludwig gewann Ludmille lieb: aber es war ja, soviel ich weiß, eine reine Liebe; und Ludmille ist ein liebreiches, und eines solchen Glückes wohl würdiges Frauenzimmer. Ihre Excellenzien sind hievon, ein= für allemal gesagt, sehr übel berichtet. Ludmille suchte den Herzog nicht zu verführen; sie verstund sich auf keine andere, als auf eine heilige Liebe gegen Ihn. Ludmille begehrte von Ihm nichts Unrühmliches, nichts Unanständiges

oder

oder Erniedrigendes zum Voraus, da Er ihr die Ehe vor drey Zeugen angeloben sollte.

Zenger. Und dies war eben jene Schalkhaftigkeit, womit sie unsern Herrn öffentlich beschämte.

Wolfram. Ich bitte um Vergebung, dieß war ein Meisterstück eines löblichen Witzes, womit die Gräfinn den unschuldiger Weise in Verdacht gerathenen Herzog wider alle böse Nachreden und schnöde Erdichtungen ganz weislich vertheidigte, und von allen bösen Argwohn verläumderischer Zungen reinigte.

Eckmüller. Es ist kein Mensch blinder, als der nicht sehen will. Seitdem unser Herzog mit der Ludmille bekannt ist, habe ich ihn niemals mehr so fröhlich und so vergnügt gesehen, als er war, da er im Jahre 1192 und also vor 13 Jahren zu Worms bey der Reichsversammlung vom Kaiser wehrhaft gemacht worden ist. Diese Liebe hat den Herrn um alle vergnügte Stunden gebracht.

Kaponi. Dieß ist wahr: o! welche Munterkeit in dem Angesicht unsers gnädigsten Herrn, da er mit dem Schwert umgürtet, und mit Schild und Helm versehen wurde.

Wolfram. Der feyerliche Gebrauch mit den Kriegszeichen nach vollendeter Minderjährigkeit gezieret zu werden, muß einen schon selbst munter und vergnügt machen. Die Regierung hingegen, welche der Herzog hierauf antratt, mag ihm einen guten Theil seiner Munterkeit benommen, und wegen Menge der Geschäfte tiefsinnig und nachdenkend gemacht haben, nicht aber die Liebe zur Gräfinn Ludmille.

Eckmüller. Leben Sie wohl, Herr Prälat! und spielen Sie Ihre Rolle so gut, als Sie können. Seyens uns nicht entgegen: ich muß gehen, um mit meinen Jägern auf morgen zur Jagd nach Kronberg die nöthigen Anstalten zu treffen.

Zenger.

Zenger. Lasset uns gehen: ich verspreche mir nicht viel Gutes von diesem Abbten. Leben Sie wohl, Herr Prälat! (beyde gehen ab).

Wolfram. Empfehle mich ganz gehorsam. — Wie verschieden sind doch die Urtheile der Menschen! die unschuldigsten Handlungen werden öfters von boshaften oder übel berichteten Leuten ganz anders angesehen und ausgelegt, als sie in sich selbsten sind: diese zween Staatsminister haben die Vollziehung des Eheversprechen zwischen dem Herzog und der Gräfinn bisher, ohne Zweifel, gehindert, und werdens noch ferners hindern, oder gar unterdrücken. Es ist vielleicht noch ein alter Groll in ihren Herzen, von jener Zeit her, da der einheimische Krieg zwischen Ludmillens Gemahl, Albert III. von Bogen, und den zween Brüdern Rapoto und Heinrich, Grafen von Ortenburg, meistens wegen den Gränzen und der Schutzgerechtigkeit über das Kloster Niederaltaich im nemlichen Jahre 1192. entstanden ist, wo der Graf von Bogen vom König aus Böhmen eine so namhafte Verstärkung erhielt, daß Herzog Ludwig, der, um Ruhe in Baiern zu verschaffen, auf ihn loszog, und im Treffen den Kürzern gezogen hatte. Niederbaiern ward von jenen zwoen Partheyen damals sehr übel hergenommen, bis sich endlich der Kaiser darein gelegt und den Grafen von Bogen in Apulien vertrieben hat. Jetzt muß es seine hinterlassene Frau Gemahlinn auch noch büssen, indem ihr alle mögliche Hindernisse in Weg gelegt werden, damit sie nicht zur Vermählung mit dem Herzoge gelangen könne. — Doch was geht es mich an? ich mische mich in das ganze Liebsgeschäft nicht. Es sollte mir leid seyn, wenn ich mit Haaren darein gezogen würde. Behüte mich Gott vom Hofleben: ich gehe gleich ins Kloster zurück, sobald ich meine Aufwartung gemacht habe. Die Zelle ist das Element des Mönchen.

Zweyter

Zweyter Aufzug.
Erster Auftritt.
Herzog Ludwig, Abbt Walfram, Kaponi.

Der Herzog eröffnet das innere Zimmer; der Hoffourier meldet den Abbt an; der Herzog tritt ins Vorzimmer heraus, und gehet den Abbt entgegen.

Kaponi. Ihro Durchlaucht! der Abbt Wolfram von Oberalteich ist hier; er bittet um Erlaubniß unterthänigst aufzuwarten.

Ludwig. Während Verfertigung meines Scartekels habe ich gehört, daß hier im Vorzimmer ein heftiges Geschwätz gewesen: was war dies? es hätte mich bald im Rechnen gestört.

Kaponi. Der Oberststallmeister und Oberstjägermeister haben mit dem Abbt von Oberalteich so laut gesprochen.

Ludwig. Laß mich dem lieben alten Abbten im Vorzimmer entgegen gehen; ich sehe ihn allemal gern.

Kaponi. Ihro Hochwürden sollen kommen.

(der Abbt macht eine Kniebeugung)

Ludwig. Willkommen, willkommen mein lieber Abbt! kommen Sie mit mir ins Zimmer herein.

Wolfram. Ihro Durchlaucht erlauben gnädigst, in tiefster Unterthänigkeit meine gehorsamste Aufwartung zu machen, und mich samt meinem Kloster zu Dero Füssen zu legen, da sich höchstdieselbe hier in der Nachbarschaft befinden.

Ludwig. Es wird mir jede Gelegenheit lieb seyn, wenn ich Ihnen, mein lieber alter Abbt, oder Ihrem

Ihrem Kloster etwas Angenehmes erweisen kann; Setzen Sie nur allezeit Ihr Vertrauen in mich.

Wolfram. Unterthänigsten Dank für so gnädige Versicherung; es können schon noch Zeiten kommen, wo ich und mein Kloster höchstdero Gnade und Schutz benöthigt seyn werden.

Ludwig. Nu, sagen Sie mir: wie leben Sie denn? es ist schon ein Jahr, daß wir einander nicht gesehen haben. Sind Sie denn immer gesund und wohlauf gewesen?

Wolfram. Zu höchstdero Befehle, und Gott zum Dank, kann ich mit Wahrheit sagen, daß ich, soviel die Schwachheit meines Alters zuläßt, seit der Zeit niemalen krank gewesen bin, ob schon es an verschiedenen Gesundheitsanstössen und anderen kleinen Verdrüßlichkeiten nicht gemangelt hat.

Ludwig. Das Alter selbst ist schon eine Unpäßlichkeit; und Verdruß giebt es überall, aufm Land wie in der Stadt, in- und außern Klöstern; es ist immer so gewesen. — Stehen Sie schon lang hier im Vorzimmer?

Wolfram. Noch nicht gar zu lang.

Ludwig. Warum haben Sie sich nicht gleich melden lassen?

Wolfram. Der Oberststallmeister und Oberstjägermeister kamen just von Ihro Durchlaucht Zimmer heraus, als der Hoffourier mich melden wollte; sie sagten: ich müsse hier im Vorzimmer verziehen, bis Ihro Durchlaucht dero Scartekel, so Sie just verfaßten, werden vollendet haben.

Ludwig. Ja, es ist wahr, ich hab es vollendet. Allein, was war unterdessen in dem Vorzimmer hier für eine Zänkerey, und zwischen wem? Sie müssen davon wissen, weil Sie eben zu dieser Zeit hier warteten.

Wolfram. Ihro Durchlaucht, ich bin ein Liebhaber der Wahrheit: ich bin auch als Unterthan und als Priester doppelt verbunden, meinem gnädigsten

digsten Landesherrn die Wahrheit zu sagen. Die Worte des Oberstjägermeisters sowohl, als des Oberststallmeisters, welche vor Dero Zimmer mit mir redeten, bringen mich auf den Argwohn, als hielten sie mich für einen Briefträger, oder besser zu sagen, für einen Liebsspion.

Ludwig. Artig! recht artig! ha, ha, ha, will man Sie noch in ihrem hohen Alter für einen Kuppler ansehen? eine wunderliche Art zu scherzen.

Wolfram. Ich wünschte, Jhro Durchlaucht, daß es ein Scherz wäre: aber —

Ludwig. Was aber? sagen Sie es frey heraus.

Wolfram. Aber ihre Reden waren so beschaffen, daß sie nichts weniger, als Scherz genennt werden konnten: es war ihr vollkommener Ernst.

Ludwig. So sagen Sie mir einmal, von was redeten sie beyde?

Wolfram. Von der Liebe.

Ludwig. Von was für einer Liebe? von der Liebe, die ich zu einer Person trage?

Wolfram. Jhro Durchlaucht habens schon errathen. Von der Liebe, die Jhro Durchlaucht zu der Gräfinn Ludmille tragen.

Ludwig. Heissen sie es wohl gut?

Wolfram. Beyde suchens noch in der Geburt zu ersticken.

Ludwig. Jsts möglich! sie beyde, die ich für die Beförderer derselben hielt? nein, dies kann ich nicht glauben: hiezu gehören stärkere Beweise.

Wolfram. Ich sage kein unwahres Wort. Beyde suchten sogar mich ins Spiel zuflechten; ich merkte es, und schlug es rund ab.

Ludwig. Können denn solche Anschläge so geheim bleiben, daß ich es selbst nicht wahrnahm? Sie hatten sich doch bisher wider meine Liebe gegen Ludmille nicht offentlich gesträubet. Wie können Sie mir nun dieses glaubwürdig machen?

C **Wolfram.**

Wolfram. Es ist bereits ein Jahr, daß Ihro Durchlaucht durch den witzigen Einfall der Gräfinn Ludmille, als welche drey Zeugen zum Eheverlobniß hintern Vorhang versteckte, beleidiget oder entrüstet den Markt Bogen verliessen, und seither nicht mehr besuchten. Um den Gedanken dieses Eheversprechens Ihro Durchlaucht aus dem Kopf zu bringen, führten beyde Minister höchstdieselben bald auf die Jagd, bald auf einen Bauplan, bald auf Landesökonomie, um Dero Liebesleidenschaft durch andere Leidenschaften zu tilgen; und diese waren unschuldige Ergötzlichkeiten, welche Dero Denkungsart unvermerkt eine andere Wendung gaben. — Von mir aber verlangten sie, was ein ehrlicher Mann nicht thun kann: ich sollte, wie sie sagten, Ihro Durchlaucht die Leibes- und Gemüthsmängel der Ludmille im Gespräch vorstellen, sie seyen gleich wahr oder nicht: indem kein stärkeres Mittel sey, einen von der Liebe loszureissen, als ihm den geliebten Gegenstand immer mit häßlichen Farben zu schildern, und ihme solchen von der fehlerhaften Seite zu zeigen.

Ludwig. Nimmermehr hätte ich von meinen beyden Ministern, denen ich das Geheimniß meines Herzens so oft und redlich anvertrauet, dieses vermuthet! — Was haben sie denn für eine Absicht? Wollen sie mir etwa eine andere Braut zuspielen?

Wolfram. Ihro Durchlaucht, dies mag wohl seyn. Aufs wenigst habe ich von ihnen gehört, es wäre besser, Ihro Durchlaucht wärfen ein Aug auf eine schöne Fräulein Gräfen von Ortenburg, oder auf eine von Leonberg.

Ludwig. Jetzt verstehe ich auf einmal das ganze Geheimniß, warum sowohl der Zenger als der Eckmüller meine Verehelichung mit der Ludmille zu verzögern oder gar zu hintertreiben gesucht haben, und warum sie nicht den geraden Weg gegangen, sondern sich der Umwege bedienet haben. — Hätts ihnen

ihnen doch nicht zugetrauet. — Jetzt glaube ich Ihren Worten, lieber Abbt Wolfram; der Eckmüller hat ein Lehen vom Grafen von Ortenburg, und der Zenger eines vom Grafen von Leonberg. — Die Fräulein von Leonberg kenne ich nicht einmal: sie war noch nie bey mir zu Hofe; und mit Ortenburg, wenn ich auch gern wollte, kann ich nicht einmal anbinden. Die nahe Sippschaft würde eine Dispensation erfordern, und zwar im zweyten Grade. Solche dispensirte Ehen aber schlagen gern um; ist auch gar selten hiervon ein Erbe zu hoffen, den doch das Land nöthig hat. — Meine Schwester Mathilde hat ja den Pfalzgrafen Rapotho von Kraiburg, der ein gebohrner Graf von Ortenburg ist, zur Ehe. Ich habe alle geziemende Achtung für das Graf Ortenburgische Haus, aber bey diesen Umständen — — Das Fräulein ist liebenswürdig, es ist wahr; sie verdient einen jungen, schönen, reichen und vernünftigen Mann, und ich wünsche Ihr einen solchen. — — Habe ich nicht recht, mein lieber alter Abbt?

Wolfram. Ihro Durchlaucht haben vollkommen recht.

Ludwig. Sagen Sie mir doch, wie sind Sie mit dem Zenger und Eckmüller auf diesen verteufelten Discours von der Liebe gekommen? es wären ja ganz andere Gegenstände vorhanden, worüber sie sich mit Ihnen besser hätten unterhalten können.

Wolfram. Der Discours hat sich erst nach der Hand so gedrehet. Anfangs sagte der Zenger, die Liebe sey die gefährlichste Klippe der Jugend, und dessentwegen sind sie beyde immer bedacht gewesen, durch Jagen, Bauen, Reisen und Revenüen-Rechnungen Ihro Durchlaucht zu beschäftigen, und zu erlustigen, damit Höchstdenenselben den Tag hindurch keine Zeit gelassen würde, an die Liebe zu denken.

Ludwig. Ist es denn um die Liebe ein so gefährliches Ungeheuer für junge Leute, daß man dadurch zu Grunde gehet, und sich kaum dagegen genug schützen könne? Es muß ja doch einmal geheyrathet seyn.

Wolfram. Ihro Durchlaucht habe ich als ein alter, belesener und im Beichtstuhle erfahrner Mann die Ehre zu versichern, daß die meisten Unglücke, die den Menschen widerfahren, nichts anders, als Züchtigungen ausschweifender Liebe sind: der Verlust des Lebens, der Gesundheit, der Güter und der Ehre sind die bittern Früchte einer unbesonnenen Liebe.

Ludwig. Setzen Sie sich neben mir her: Sie sind alt.

Wolfram. Unterthänigster Diener: meine Schuldigkeit ist es, daß ich vor Ihro Durchlaucht stehe.

Ludwig. Sagen Sie mir kein Wort mehr dawider. Jetzt setzen Sie sich: ich wills haben. — Nun geben Sie mir eine kurze Erläuterung über vorgedachte vier Gattungen der Liebeszüchtigungen. Ich bin noch in dem Flor meiner Jugend, wo man von einem gottesförchtigen und klugen Greise in sittlichen Sachen noch wohl eine Lehre annehmen darf. — Fourier, schließe er die Thür zu: wir wollen hier allein beysammen seyn.

Zweyter Auftritt.

Das Theater verwandelt sich in eine Heerstrasse nebst gedachten Wirthshause; zwo Weibspersonen begegnen einander, zanken, raufen, und werden endlich ins Amthaus geführet.

Bertha, Lullia.

Bertha. Grüß Euch Gott, grüß Euch Gott, Kräutlweib!

Lullia.

Lullia. Seyd ihr auch wieder hier mit euerm Hunde? — — Weiß man doch nicht, wenn man von diesem Teufel angefallen wird. Schaue nur, daß doch dies Weib alleweil einen Hund bey ihr haben muß.

Bertha. Schau nur, wie feindselig, danket mir nicht einmal.

Lullia. Den Bestiehund kann ich nicht sehen: ich werfe ihn noch tod. (sie hebt einen Stein auf)

Bertha. Was fehlt dir dann? Hat dir denn der Hund ein Leid gethan? der Hund, mein Dächsel, thut niemand nichts: wenn er nicht von Leuten angehetzet wird. Zu meiner Sicherheit auf der Reise muß ich ihn haben; ohne ihn wäre ich schon oft angegriffen worden.

Lullia. Wäre kein Schade, wennst angegriffen wurdest: es sind schon mehrere, und bessere Leute erschlagen worden, als du.

Bertha. Was weißt du Schlechtes von mir? ich gehe schon so oft von Bogen auf Landau, und kauf Waaren und allerhand Getränk ein; ich bringe die Briefe getreulich hin und her, und kann mir kein Mensch was Uebels nachsagen; du bist mir kein braves Weib, wenn du von mir was Schlechtes weißt und sagsts nicht. Ich muß jetzt wieder kommen, und einen Wein für die Gräfinn von Bogen bestellen, weil der Bischof von Regensburg da ist, und die neue Kirchen und Glocken einweihet.

Lullia. Was hast du gesagt? ich bin kein braves Weib? dies sag mir noch einmal: ich förchte dich und deinen Hund nicht. Ich schlage dir die Botzen gleich voneinander.

Bertha. Dafür will ich mir schon Ruhe schaffen; ich werds meiner gnädigen Frau Gräfinn sagen; die wird dieser Hacke schon einen Stiel finden; die wirds gleich dem Herzoge selbst schreiben.

Lullia. Du und deine Gräfinn könnt mich mitenander gern haben. (sie hebt den Rock auf)

Der Herzog wird viel nach der Gräfinn fragen; er ist ohnedem durch sie schon genug ins Geschrey gekommen; man redet im Lande überall davon, daß sie unsern gnädigsten Herrn also verführet habe, daß er so oft von Kelheim nach Bogen gereiset, und so viel Geld mit ihr schon angeworden hat. Dies Luder, dies abscheuliche.

Bertha. Stille, stille! unsre Frau Gräfinn ist kein Luder! sie ist wohl eine brave und auferbauliche Frau. Hast gewiß diese Lüge aufin Kräutlmarkt aufgefangen.

Lullia. Ey ja: sehet nur, wie ein Luder der andern die Stange halt! Sie halt ihren Wittwenstand schön; wie bald ist ein so schöner, junger und feuriger Herr von einer verbuhlten Wittwe verführt? um Geld und Gut, Ehre und guten Namen gebracht?

Bertha. Mein Gott, da weiß ich nichts davon! ich weiß nicht das mindeste, womit sie ihren Wittwenstand entehret hätte.

Lullia. Weiß ichs schon; und das ganze Land weiß schon davon. Was können nicht für Unheil für einen jungen Landesherrn daraus entstehen? Haben wir nicht tausend Exempel, daß Mord und und Tod, Vergiftungen und Entunehrungen die leidigsten Folgen einer so schnöden Liebe geworden sind? Gehet hin in die Gerichtsstuben, lasset euch die Malafizprotokolle aufschlagen, und forschet nach dem Ursprung der entsetzlichsten Mordthaten, der grausamsten Raufereyen, Zweykämpfe und Giftmischungen, so werdet ihr finden, daß sie fast alle aus der Liebe, aus der ausschweifenden Liebe entspringen. Neulich ist in unserer Nachbarschaft die schönste Bauerntochter geköpfet worden, weil sie mit eigner Hand ihrem Vater, der sie nicht heyrathen ließ, eine vergifte Suppe gegeben.

Bertha. Ey! ist das wahr? ich habs neulich zu Bogen auch schon erzählen gehört. (sie legt ihre Kürm samt den Stock weg) Lullia.

Lullia. Es ist nur gar zu wahr. Dies Laster hat allezeit üble Folgen gehabt, und ist allezeit scharf gestraft worden. Neulich hat unser Prediger uns öffentlich auf der Kanzel davor gewarnet, und gesagt: daß Gott in alten Zeiten die unzüchtige Liebe mit dem leidigen Aussatz bestraffet. Hierinn mache Gott keinen Unterschied zwischen Vornehmen und Schlechten, zwischen Reichen und Armen; und der König David, sagte der Prediger, seye schon, wegen seiner mit der Bathsebea begangenen Schandthat und andern Leichtfertigkeiten von Gott mit Eiterstinkenden Wunden und gequälten Beinen gestraft worden. Und selbst Tiberius hätte sich nach der Insel Kapräa aus der Ursache zurückbegeben, weil er sich schämte, sein mit Pflastern ganz überdecktes Gesicht, worunter er die von verbottener Liebe sich zugezogene Wunden zu verbergen genöthiget war, den Römern zu zeigen.

Bertha. Dies sind gräusliche Beyspiele, die bey Jedermann einen rechten Abscheu von der schnöden Liebe erwecken können.

Lullia. Es eckelt mir auch selbsten etwas mehr von dieser Seuche zu reden. Nur dies will ich noch melden, was der Prediger vom Verlust des Gelds und Gutes gesagt hat. Von den Reichen seye fast keiner verdorben, der die Ursache dessen nicht der unzüchtigen Liebe beyzumessen hätte. Selbst unser reiche Krammer war in allen Stücken geizig, gegen seinem Weibe undankbar, gegen seine Schuldner hart, gegen alle, die mit ihm was zu thun hatten, unbarmherzig, wie ein Straßenrauber. Was er aber aller Orten mit Recht oder Unrecht zusammen scharrte, das goß er überflüßig seinem Kebsweibe in den Schooß, welche ihm nicht einmal so viel übrig ließ, daß er nach seinem Tode, den er sich durch die venerische Seuche zuzog, davon ehrlich hätte können begraben werden.

Berth. Ja, ja! der hats verstanden, wie man sich

sich bey liederlichen Weibsbildern einschleichen muß. Der goldene Schlüssel macht alle Thüren in dem Gemach der Liebe auf.

Lullia. Glaubt mirs nur: der Verstand, das Verdienst, die Tugend und Geschicklichkeit müssen vor der Thüre erstarren, und man bringt nur mit baaren Geld hinein. Wie der Prediger sagt, so wäre dies noch erträglich, aber der Verlust der Ehre ist unerträglich. Die Güter lassen sich ersetzen, wenn sie verlohren gegangen: aber der verlohrne ehrliche Namen ist unersetzlich.

Bertha. Hievon hättet ihr wohl noch viel zu schwätzen. Allein ich muß weiter gehen und den Wein bestellen, damit ich nicht zu spät komme. (sie nimmt ihre Kurm auf den Buckel.)

Lullia. Bleibt nur da, es ist noch nicht aus. Wenn man sich an eine so unwürdige Person hängt, daß man dadurch bey allen, denen man bekannt ist, zum Spott und Gelächter wird, so bringt uns die unzüchtige Liebe auch um die Ehre. Dies ist erst das größte Kreuz; dies ist ein Jammer und ein Elend!

Bertha. In Gottes Namen. Ich muß gehen; ich kann nichts mehr anhören; behüt euch Gott! — Gehe Dächsel.

Lullia. Bleibt da! sage ich. — Gehts fort! du und dein Hund, ins Teufels Namen.

Bertha. Behüt uns Gott dafür! wir haben mit den Teufel nichts zu thun.

Lullia. Gelt Luder! du machst nichts mehr hören davon, weils dich und deine Gräfinn trift; ist eine ein Luder wie die andere.

Bertha. Du Bestie! was geht dich meine Gräfinn an? du bist selbst ein versoffenes Luder. Es redt gewiß der Brandtwein aus dir; man kennt dich in der ganzen Revier, daß so versoffen bist. (die Leute laufen aus dem Wirthshause heraus, und hören der Zänkerey zu)

Lullia.

Lullia. Bestie! ich lasse mich kennen; ich bin ein ehrliches Weib. Ich habe heute noch keinen Tropfen Brandtwein gesehen. Du Bierlatzl! aus dir redet das Bier; du bist Tag und Nacht sternvoll; du würdest vor Rausch den Weg nimmer finden, wenn dirn dein Hund nicht zeigte.

Bertha. Da! siehe mein Hintern, du versoffene Gurgl!

Lullia. Was? du hebst mir den Rock auf? daß ich dich nicht gleich, wie einen Ochsen niederschlage, du Hure! du Mätz! (sie legt den Kräuter-Korb weg)

Bertha. Geh her, Kanaille! wenns Courage hast. Meynst, ich förchte dich? schau; mit Fleiß bleib ich hier stehen. (sie legt die Kürm wieder ab)

Lullia. Daß ich dir nicht gleich eine Votzen ins Gfriß gebe; du Sau! du Bär! du Trampelthier!

Bertha. Du verlogne Goschen! du ehrabschneiderisches Weib! du lügest mich und die Gräfinn an. Gehe nur her: die erste mein, die andere dein.

Lullia. Siehe, da hast eine. (sie schlägt sie ins Gesicht)

Bertha. Höllfurie! da hast du auch eine. (sie schlägt auch; beyde ziehen einander die Brustfleck heraus)

Lullia. Schindermätz! siehe, also muß man birs machen; mit Füssen will ich dich tretten.

Bertha. Bestie! lassest aus oder nicht? ich schlage dir deine lasterhafte Goschen voneinander, daß dir die Zähn in Hals hinabfallen.

Lullia. Ich reisse dir die Haare aus dem Kopf.

Bertha. Reisse nur zu! ich habe dich auch schon beym Schopf. Ach wehe! ach wehe! (beyde fallen zu Boden)

Lullia. Hörst auf? ach wehe! gieb nach!

Bertha. Lassest nicht ab? ich bringe dich um.

(Die

(Die Leute vorm Wirthshause sammt dem Amtmann kommen zu Hülfe, bringens auseinander, und beede werden ins Amthaus geführt)

Amtmann. Gehet, gehet! nehmt euere Körbe und Kürin, und gehet beyde mit mir.

Dritter Auftritt.

Das Theater verändert sich in die Zimmer des Herzogs, der aus den innern Zimmer in das Vorzimmer tritt, und den allda wartenden Raponi zu sich ruft.

Ludwig, Wolfram, Raponi.

Ludwig. Raponi!

Raponi. Was befehlen Jhro Durchlaucht?

Ludwig. Was war dies für ein Lärm auf der Strasse vorm Wirthshause? Jch hörte es bis in mein Zimmer.

Raponi. Das hiesige Kräutlweib Lullia, und die ordinari Böthinn von Bogen, Bertha, traffen hier auf der Strasse vorm Wirthshause zusammen, redeten schon gleich anfangs unfriedfertig, fiengen sodann zu zanken und zu schimpfen an; das Kräutlweib führte sich dabey auf wie die wüthende Medra, und der Böthinn gebrach endlich auch die Geduld; sie setzte sich zur Gegenwehr; die Lullia schlug auf die Böthinn, diese schlug hinwieder auf jene; eine zog der andern den Brustfleck aus dem Schnirriemen heraus; hierauf erwischte eine die andere bey Haaren, und beyde fielen zu Boden. Der Obmann, der just im Wirthshause war, und dies Geschrey hörte, lief zu, löste sie auseinander und führte beyde ins Amthaus. Jhro Durchlaucht, ich habs noch nie so gesehen, wie sich solche zwey Weibsbilder mit einander balken; es ist nicht leicht ein lächerlicher Auftritt als dieser.

Lud-

Ludwig. Es ist beyden Recht geschehen, daß sie der Obmann eingeführt hat; es ist wider die Ehrfurcht, so man dem Quartier schuldig ist, wo sich der Landesherr befindet. — Unterdessen ist mir doch recht, daß die Böthinn von Bogen mit eingeflochten ist. — Gehe, Kaponi! sage dem Amtmann oder Pfleger: beyde Weiber sollen alsogleich verhört werden, und der Verlauf der Sachen soll mir durchs abgehaltene Protokoll auch gleich eröffnet werden.

Kaponi. Gleich, wie Jhro Durchlaucht befehlen. (Kaponi gehet ab)

Ludwig. Mein lieber alter Lehrmeister! dies Getös unterbrach uns in unserer Unterredung. Wir wollen fortfahren in den Schilderungen, die sie mir von den traurigsten Folgen einer ausschweifenden Liebe bishero mit lebhaften Farben machten; ich sehe nun die schröcklichsten Wirkungen davon ein, indem Leute von allen Ständen, Würden, Wesen und Geschlechtern mit Hintansetzung ihres Lebens, Gesundheit, Güter und Ehre sich derselben so blindlings überlassen.

Wolfram. Wie Jhro Durchlaucht bisher von mir zu vernehmen geruhet haben, so sind die Begierden, welche uns dazu lüstern machen, so heftig, die Reitzungen des weiblichen Geschlechts so mächtig, und ihre Kunstgriffe so listig, daß man es für ein Wunder achten muß, wenn man denselben entgehet.

Ludwig. Werthester Abbt! aus eigner Erfahrung weiß ich die Wahrheit Jhres Satzes nicht zu bestärken; aber glauben will ich es Jhnen, daß es also sey, und hüten will ich mich dafür. — Mein schätzbarer Vormund Conrad, Erzbischof von Maynz sagte mir öfters: wissen darf man alles, aber nicht alles thun. Und mein Mitvormund Friedrich warnete mich vor nichts mehr, als vor den Spielwerken der ausschweifenden Liebe. Tausend Dank sey Jhnen noch in ihr Grab nachgeschickt,

Gott

Gott vergelte es ihnen in andern Leben; beyden habe ichs zuzuschreiben, daß ich bis auf diesen Tag mich von keinem Weibsbild habe anhauchen lassen.

Wolfram. Diese ist eine ganz ausserordentliche Gnade, mitten in den Gefahren des Hoflebens, in der größten Hitze des menschlichen Alters, bey allem Ueberflusse der sinnlichen Ergötzlichkeiten, das kostbare Kleinod der ersten Unschuld unverletzt zu erhalten.

Ludwig. Sie sind mir hier in dieser Sache mein Sittenlehrer. Ich rede mit Ihnen ganz aufrichtig, wie mit meinem Beichtvater; in diesem Stück bin ich noch unschuldig. Ich habe die Physik, und in derselben den menschlichen Körper studirt. Ich enthielt mich bisher von dem Gebrauche des andern Geschlechts, nicht aus Zwang, auch nicht aus Unwissenheit, sondern aus freyer Wahl. Ich scherze zwar gern in Worten, aber mein Scherz bleibt auch bey den bloßen Worten; es war mir niemal Ernst bey allen meinen Scherzreden.

Wolfram. Ihro Durchlaucht sind ein Sieger der mächtigsten Leidenschaft, welcher oft die größten Helden und Weltbezwinger unterliegen mußten. Aber mit welchen Waffen haben Ihro Durchlaucht diesen größten Feind überwunden? Höchstdieselben sind doch immer gesund, noch jung und stark, und also allen jenen heftigsten Anfechtungen unterworfen, welchen andere Leute nicht zu widerstehen vermogten.

Ludwig. Wollen Sie es wissen? Nach der Vorschrift meiner Vormünder, die ich allzeit hochschätzte, hielt ich eine Tagordnung, und beschäftigte mich alle Stunden mit etwas anders; mit Lesen, Schreiben, Zeichnen, Rechnen, Messen, Reuten, Jagen, Fechten, Musik; mit einem Worte, ich war nie müßig, und bins auch noch nicht, weil die Beschäftigungen dieser Art mir zur andern Natur geworden sind. Ich liebte auch keine andre Gesellschaft, als solche, die auch den Müßiggang flohen, und mit mir gleiche Beschäftigung liebten.

Wolfram.

Wolfram. O daß mein Mund mit einem prophetischen Geist erfüllet wäre! ich wollte Ihro Durchlaucht weissagen, daß Höchstdero Samen, wie derselbe des Abrahams gebenedeyet sey, und Baiern über 600 Jahr beherrschen werde.

Ludwig. Ich hoffe auch, daß Gott das Opfer meiner Enthaltsamkeit, welches ich dem Vaterlande mache, mit einer Nachkommenschaft belohnen werde, welche das in meinem Vater seligen wieder auf das luitpaldische Haus gebrachte Baierland durch eine gute Regierung glücklich machen wird. Diese war jederzeit meine Absicht. Der Himmel wird mir auch zu seiner Zeit eine solche Ehegattinn bescheren, die mit mir um so mehr wird zufrieden seyn, je standhafter ich mich in meiner hitzigsten Jugend allen unlautern Wohllüsten freywillig entzogen habe. — Nun muß ich Sie noch um eins fragen: Welche Mannspersonen sind am fähigsten, das vernünftige Frauenzimmer am empfindlichsten zu rühren? denn das darf und muß ich wissen, weil ich als Landesherr dem Vaterlande einen Erben schuldig bin.

Wolfram. Recht vernünftig geredet; allein Euer Durchlaucht werden das schon selbst besser wissen, als ein Mönch, der bloß aus der Theorie reden kann.

Ludwig. Ich will aber auch hören, wie die Mönche hierinne denken.

Wolfram. Ich werde nichts vorbringen, als was mich eine gesunde Ethik und Physik lehren. Nach diesen Grundsätzen ist der Geschmack des weiblichen Geschlechts so unterschiedlich, daß es sehr schwer fällt, auf diese Frage etwas gewisses zu antworten. Die eine liebt das freye Wesen der Soldaten; die andere einen langen gefalteten Rock. Dieser gefällt die Munterkeit der thörichten Jugend; jener die Sittsamkeit eines gesetzten Mannes. Die eine läßt sich durch niedliche Bissen einer guten Tafel;

die

die andere durch die Anmuth einer schönen Stimme, eines langen Haarzopfs, oder einer kleinen und leichten Weiche; die dritte siehet auf den Charakter und hohe Abkunft; die vierte vergaffet sich in einen schönen Tanzfuß, in schöne Gebärden und Leibsstellung, anderer Kleinigkeiten zu geschweigen. Das allermeiste aber ist das Geld, welches sich zu allerley Alter, und zu allerley Sinnen schicket. Dahero dichteten die Alten, daß Jupiter unter einen goldenen Regen sich in den Thurm der Diana eingeschlichen habe.

Ludwig. Die Gedichte der Alten von ihren Göttern geben uns verschiedene Beyspiele hievon; ich habe es selbst gelesen. Allein, wenn Sie in meinem Stande wären, und von einem Frauenzimmer geliebt zu werden verlangten, wie wünschten Sie, daß Sie beschaffen wären?

Wolfram. Jhro Durchlaucht belieben mit mir zu scherzen; ein alter Abbt darf nicht mehr dahin denken.

Ludwig. Reden Sie nur zu meinem Unterricht; ich scherze nicht.

Wolfram. Ich wünschte mir reich, verständig, munter, reinlich, und nicht gar alt zu seyn.

Ludwig. Ein vernünftiges und ehrliebendes Frauenzimmer müßte Sie also nach Jhrer Denkungsart lieben wegen diesen Eigenschaften?

Wolfram. Ja, Jhro Durchlaucht, sie müßte mich lieben; absonderlich wenn nebst einer natürlichen Uebereinstimmung der Gemüther, tausend Liebhaberssorgen und Gefälligkeiten noch hinzu kämen. Unmöglich wäre es einem solchen Frauenzimmer meinem Herzen zu widerstehen; und unmöglich wäre es einen Nebenbuhler, der nicht gleiche Eigenschaften hätte, mir den Sieg streitig zu machen; denn beede Herzen neigten sich gegeneinander zur Liebe.

Ludwig. Die Art, das Frauenzimmer mit diesen Waffen anzugreifen und zu besiegen, war mir dazumal, als ich das Herz der Ludmille von Bogen be-

bekriegte, noch unbekannt, und doch eroberte ich es; wie kommt das?

Wolfram. Ihro Durchlaucht besaßen schon damals den großen Reichthum aller dieser Eigenschaften, ohne daß Höchstdieselben es wußten, und die Gräfinn nahm es gleich wahr. O wie oft sagte sie zu mir, da ich ihr aufwartete: Wenn der Herzog nach Bogen kömmt, und in mein Zimmer eintritt, so meyne ich allezeit, die Sonne gehet vor mir auf, so helle wird es in meinem Zimmer, und so blendete mein Auge sein jugendliches Unschuldkleid, so unschuldig sind alle seine Blicke, seine Reden und Gebährden. — Und als ich vor etlichen Wochen im Scherz zu ihr sagte: es könne eine Zeit kommen, da diese Sonne das Zimmer nicht nur erleuchten, sondern auch darinn ein Feuer erwecken könne, so versetzte sie ganz erröthet: Wenn diese Sonne ein Feuer erwecket, welches dem Feuer der göttlichen Liebe entspricht, so sage ich gleich: Siehe, eine Dienerinn des Herrn, mir geschehe nach deinem Wort.

Ludwig. Mein werther Abbt! hier machen Sie mir ein Kompliment, das mir Freude macht. Liebt mich denn Ludmille noch, nachdem ich schon bey einem Jahre aus bin?

Wolfram. Ich rede die Wahrheit: sie liebt Euer Durchlaucht noch, und bleibt getreu.

Ludwig. Genug hievon; ein andersmal mehr, mein lieber Abbt. Ich bin Ihnen für Ihren moralischen Unterricht verbunden. — Heute sind Sie mein Gast.

Wolfram. Unterthänigster Diener, Ihro Durchlaucht, ich werde gehorsamst aufwarten.

(geht ab)

Ludwig. Bleiben Sie mir nicht aus; wir haben schon etwas mehr als eine bloße Jagdsuppen.

Vierter Auftritt.
Herzog Ludwig allein.

Ludwig. Himmel! Ludmille liebt mich noch, und bleibt mir getreu! wie beschämen mich diese Worte! unschuldig liebt sie mich; nach Vorschrifft der göttlichen Gesetze! Sie nahm drey Ritter zu Zeugen meines Eheversprechens: — warum that sie dies? sie wollte keine Winkelehe treffen; ich sahe damals die Reinigkeit ihrer Absichten nicht. Es war feiner Witz, und ich fand eine Beleidigung darinn! ich kannte Ludmille noch nicht genug. — Meine Liebe hatte damals vermuthlich den hohen Grad noch nicht, den ihr die Zeit erst gab; die Zeit machte sie reif. — Die Entfernung ließ mich fühlen, daß ich ohne Ludmillen nicht glücklich, nicht vergnügt seyn kann. — Ein Jahr, ein ganzes Jahr wandere ich in Liebesflucht im Lande herum; suchte überall Ruhe und fand sie nirgends; Ludmille hat in mein Herz eine Wunde geritzt, die nur sie wieder heilen kann. Was hatten die Lustbarkeiten und Zerstreuungen für eine Wirkung auf mein Herz? Keine. Ohne Ludmillen waren sie geschmacklose Speisen. Ich konnte den Gedanken an meine Getreue nicht aus dem Kopf jagen; Ludmillens Bild schwebte mir beständig vor meinen Augen. Die Unruhe, so ich schon so lang leide, ist die Strafe, so Gott der reinen Liebe über mich verhängte, — Wie lang wirst du noch, sagt mir mein Gewissen, herumwandern, und den bittern Vorwurf einer beleidigten reinen Liebe in deinem Busen herumtragen? Heilig ist die eheliche Liebe! heilig, jeder Keim von solcher Liebe, den ich in mir fand, da ich Ludmillen die Ehe versprach. Das Versprechen ware frey und ungezwungen; es war auch schon vorhin genug überdacht. Weder Ludmille, noch ich, hatten ein anders

ders Ziel uns hierbey vorgestecket, als daß wir in einer unauflöslichen Vereinigung unserer Herzen eins werden wollten, wie Christus und der Vater eins sind. Gottes Saat war also in meine Liebe gegen ihr, und die ihrige gegen mir, gesäet in unsere Herzen. Himmel! lasse diesen Saamen der Liebe in mir nicht ersticken, damit mir mein Herz nicht mehr vorwerfen kann, er sey auf ein Felsenherz gefallen. Was für bittere Vorwürfe macht mir täglich mein Gewissen? mein Herz möchte bluthen: ich leide, und Ludmille leidet; aber welcher Unterschied zwischen ihren Leiden und dem meinigen? Sie leidet unschuldig. Sie ist der beleidigte Theil; ich bin der Beleidiger; ich mache sie zu einer bedaurungswürdigen Braut. — Da der Ruf fast allgemein war, ich besuche die Ludmille aus unreinen Absichten, so welzte sie den Stein dieses bösen Argwohnes eben dadurch von mir ab, weil sie vor drey Zeugen mir mein schon längst im Herzen gefaßtes Eheversprechen auf eine witzige Art herauszulocken wußte. Sie reinigte dadurch alle Visiten und Präsente, die ich ihr aus reiner Absicht machte, und die andern Leuten verdächtig schienen. — Nun fliehest du diese deine Retterinn, und unterhälst das Publikum durch deine unbesonne Flucht in dem alten bösen Argwohn, als sey es dir nicht Ernst gewesen, sie zu ehelichen; als sey unsere Liebe nur flatterhaft, und aus unzuläßlichen Quellen entsprossen. So, so ist die Gegenliebe, die reine Gegenliebe meiner Braut beschimpfet. — Gerechter Vorwurf! wie lang wirst du mich noch quellen? wie lang werde ich deine Pein ertragen können? — Du erschütterst Mark und Bein; — du zersprengst mir die Brust. — Ah! ich eile meiner Ludmille zu. Auf ein neues besellet mich die Wärme unserer vorigen Liebe; ja sie glühet noch ganz in meinen Adern. Ha! ich lasse Ludmillen nicht. — Aber wenn sie mir ihre Liebe entzöge? Himmel! — Nein! Ludmille

D

mille kann das nicht; sie thut es nicht; sie wird meinen jungen Alter diesen Fehltritt vergeben. Ja, sicher wirds ihn vergeben. Ich will ihr schreiben, daß ich sie heute noch besuchen werde.

(Er setzt sich und schreibt, während der Zeit sich die Musik hören läßt.)

Ludwig. Der Brief ist fertig; jetzt nur fort damit. Kaponi!

Fünfter Auftritt.
Herzog Ludwig, Kaponi.

Kaponi. Was befehlen Ihro Durchlaucht?

Ludwig. Hier, mache diesen Brief zusammen, und adressire ihn an die Gräfinn von Bogen.

Kaponi. Alsogleich, Ihro Durchlaucht, wird es geschehen seyn. Wie lang ists wohl schon, daß ich keinen Brief mehr nach Bogen zu fertigen bekommen habe? (er macht den Brief zu und schreibt die Adresse)

Ludwig. Nicht wahr? eine kleine Ewigkeit.

Kaponi. Ihro Durchlaucht, aufs wenigst ist es schon ein Jahr. Innerhalb solcher Zeit kann so viel zusammen kommen, daß manns unmöglich alles in einem Brief bringen kann.

Ludwig. Bist fertig?

Kaponi. Ja, Ihro Durchlaucht.

Ludwig. Nun gehe alsogleich damit zum Oberststallmeister: sage ihm in meinem Namen, er soll eilends eine Staffete damit nach Bogen schicken, und sodann soll er zu mir kommen.

Kaponi. Gleich werde ich höchstdero gnädigste Befehle vollziehen. (er gehet mit dem Brief ab)

Ludwig. Jetzt empfinde ich Linderung auf meiner Brust; mein langes Stillschweigen preßte es zusammen; ich athme wieder freyer. — Was wird Ludmille zu meinem Brief sagen? Ganz unverhoft wird er ihr kommen; küssen wird sie ihn, und ganz

aus-

ausstudieren; jedes Wort, und jede Sylbe. — Aber hab ich ihn auch so abgefasset, daß sie das Wiederaufleben unserer Liebe abnehmen könne? hab ich zärtlich genug geschrieben? — Ich habe viel vergessen. — So gehts, wenn man sich übereilt. Die besten Gedanken kommen nach. — Wenn sie nur nicht gar dadurch in eine Art von Ungewißheit versetzet wird, ob ich sie noch liebe oder nicht. — Sie ist zwar sonst nicht argwöhnisch, aber meine lange Abwesenheit könnte sie auf den Gedanken bringen, daß ich sie entweder nur lau, oder gar nicht mehr liebte. — Der Brief ist doch schon fort, und einen neuen will ich auch nicht nachschicken. — Ich komme ja in wenig Stunden selbst zu ihr; und sodann soll unsere mündliche Unterredung den Schreibfehler gutmachen, und alles ersetzen, was der in Eil geschriebene Brief nicht enthält. Die Sache wird schon gut gehen.

Sechster Auftritt.
Ludwig, Zenger, hernach Eckmüller.

Zenger. Jhro Durchlaucht, hier stelle ich mich, um höchstdero gnädigste Befehle zu vernehmen.

Ludwig. Ist der Brief schon fort?

Zenger. Den Brunner habe ich als Eilbothen damit abgeschicket, und ihm aufgetragen sich nirgends zu verweilen.

Ludwig. Gut. — Was machen die Pferde?

Zenger. Sie sind fleißig getränket und gefüttert; nun rasten sie auf morgen aus. Was am Reitzeug ruinirt oder gebrochen ist, wird wirklich ausgebessert. Der Oberstjägermeister hat auch bereits schon die besten Anstalten zur Jagd nach Leonberg getroffen; morgen in aller Früh kanns angehen.

Ludwig. Könnte ich wohl zu Leonberg meine verwirrte Gedanken vertreiben, und die Befriedigung meines Herzens finden? denn ich habe den Kopf voll Gedanken.

Zenger.

Zenger. Jhre Durchlaucht können es nirgends besser finden als zu Leonberg. — Hier kömmt der Oberstjägermeister selbst. Er wirds Jhro Durchlaucht schon sagen.

Eckmüller. (tritt ins Zimmer vorn Herzog) Jhro Durchlaucht! alle Anstalten sind gemacht, um morgen in aller Frühe auf die Jagd nach Leonberg zu gehen.

Ludwig. Kann ich zu Leonberg alles finden, was ich suche?

Eckmüller. Jhro Durchlaucht, alles werden Sie finden. Die Wildbahn ist alldort vortrefflich und hat das schönste rothe und schwarze Wildprät. Jhro Durchlaucht können bey dieser Gelegenheit das zunächstliegende schöne Raigergeständ in höchsten Augenschein nehmen. Es halten sich alldort immer etliche hundert Raiger auf, und ziehen auch hievon immer einige aus. Der Weg dahin ist gut und angenehm; wir reiten durch schöne Weingewächse und zwischen guten Getraidböden. Höchstdero Herr Vetter Graf Heinrich von Leonberg, der mit höchstdero Herrn Vater Otto im Turnier zu Zürch im Jahre 1165. aufgetragen, erfreuet sich in seinem hohen Alter, Jhro Durchlaucht in dem Bezirke seiner Grafschaft bedienen und bewirthen zu können. Es wird dort recht lustig zugehen.

Ludwig. Der Zeitpunkt meines Aufbruchs schleicht herbey, wie ein Dieb, den ihr nicht wahrnehmt. Ich werde Jagen ausgehen: aber meine Jagd ist nicht von dem Graf Leonbergischen Bezirke.

Eckmüller. Diese Wort sind mir ein Geheimniß: wollen Jhro Durchlaucht etwan hier zu Landau jagen? — Es ist doch schon lang nicht mehr auf Dero Reise gejagt worden. Zu Landshut jagten Jhro Durchlaucht nicht, sondern besahen die schöne Lage des Berges, um alldort ein Schloß aufbauen zu lassen; zu Dingolfing jagten Jhro Durch-

Durchlaucht auch nicht, sondern beschäfftigten sich während Dero Aufenthalt alldort mit dem Baumeister, um Dingolfing mit Stadtmauern umgeben lassen.

Ludwig. Zum Bauen und zum Jagen gehe ich aus.

Eckmüller. Gehen Jhro Durchlaucht etwann nach Straubing, um jenen Ort zu einer Stadt zu erheben? oder nehmen Jhro Durchlaucht die Lage des hiesigen Orts in Augenschein, um hier eine Stadt aufbauen zu lassen? wie schon ehevor zu Zeiten der Römer hier eine Stadt unter dem Namen Apona stunde, worinn sie ihre alten ausgearbeiteten Soldaten mit einem lebenslänglichen Unterhalt verpflegten, und wovon noch die Ueberbleibseln dort in der Höhe stehen. Beydes haben Jhro Durchlaucht schon im Sinne gehabt, ehe höchst dieselben von Dero Residenzschlosse Kelheim abgereiset sind.

Ludwig. Bisher hinderte mich noch immer eine innerliche Gemüthsangelegenheit, Euch den Plan meiner Jagd und meines Bauens zu eröffnen: nun aber, nachdem ich eine Staffete voraus geschicket, so kann ich es euch nicht mehr länger bergen. Die Anstalten sind gleich gut, die Reise gehe rechts oder links von hier: — Ich gehe Jagen aus, aber nicht wilden Thieren nachzujagen, sondern meiner geliebten Braut: ich gehe Bauen aus, aber nicht ein Schloß oder eine Stadt zu bauen, sondern auf die Treue meiner Geliebten das Gebäude des Ehestandes aufzurichten.

Eckmüller. Was hör ich? welche schnelle Veränderung! Die Jagdanstalten nach Leonberg müssen also eingestellt werden?

Ludwig. Ja freylich: meine Reise geht nach Bogen.

Zenger. Dies habe ich mir wohl eingebildet: umsonst ist die Staffete nicht nach Bogen.

Ludwig. Die Reise ist fest beschlossen; dies sage ich Euch in Geheim. Jetzt werden wir hier bald das Nachtmahl einnehmen; hierauf gehet die Reise nach Bogen gleich an. Hier werden wir nicht übernachten. — Zenger, mache, daß bis dahin alles zum Abzug fertig stehe! — Und du Eckmüller lasse allen Jagdzeug geschwind einpacken, damit wir mit Sack und Pack durchaus können. Hierauf kommt beyde bald zum Nachtspeisen.

(Eckmüller und Zenger gehen ab)

Der Herzog Ludwig allein.

Fest und unabänderlich muß man in seinem Entschluße seyn, wenn man denselben zuvor wohl überdacht hat. Läßt man sich durch Jagden und andere Lustbarkeiten von den ernsthaften Geschäften zuviel abwenden, so wird selten was wichtiges ins Werk gesetzet. — Alles will ich meiden, was meine Liebe stören, und den Ruhestand meines Herzens hintern könnte. Die Ruhe meines Herzens hängt einzig und allein von Erfüllung meines gegebenen Jaworts ab: oder war dies Jawort nichts anders, als tönendes Erz und klingende Schelle? war es nichts als ein weitschallendes, lieblich ins Ohr fallendes Geklingel ohne Geist, ohne Leben? war es nicht die Sprache, die vom Herzen kommt, und zu Herzen gehet? — In den Ohren eines Eckmüllers und Zengers mag mein Jawort ein nichtsbedeutender, ein nicht verbindlicher Ton seyn: aber anders redet mir mein Gewissen: mein Wort bin ich schuldig zu halten, als Mensch und als Herzog. Ihre hohe Geburt macht sie meiner würdig; ihr untadelhafter Lebenswandel, ihr unschuldvoller Witz nebst andern schönen Naturgaben erhöhen die Würde ihrer Geburt. — Dies ist die Stimme der Wahrheit, der unläugbaren Wahrheit; diese Stimme lag mir bisher in Ohren, wenn ich aufs Feld oder in Wald gieng, wenn mein Aug auf blühenden Wiesen, auf
Felsen

Felsen und Klippen, auf den ewig neuen, ewig einzigen Gemälde, eines Sonnenaufganges oder Sonnenunterganges ruhete. Ich hörte diese Stimme selbst zu jener Zeit, da mein Ohr hinhorchte auf das Murmeln der Bäche und Springbrunnen, auf den Gesang der Nachtigall, auf das Rauschen des Iser- und Danaustrohms, auf die tausendfache Harmonie der Kunst und Natur. Immer rufte mir diese Stimme der Natur zu: Treuloser! umsonst suchest du den von mir ausgesäeten Saamen der Liebe zu ersticken: erfülle dein gegebenes Wort, oder fülle auf ewig die Unruhe, womit das Andenken des nicht gehaltenen Versprechens dich peiniget. Was dachte ich hierbey? Hätte ich Ludmille nie geliebt, oder sie zu lieben nie aufgehört! — Hab ich je aufgehört sie zu lieben? nein! sie hielt mich immer, hält mich noch gefesselt. — Ha! Gottes Bild blickte aus ihr, wenn ihre Liebe, ihre reine Liebe auf mich aus ihren Augen blitzte. Die Liebe ist eine göttliche Eigenschaft, mit welcher Gott alles erschuff und erhaltet. Ahme Gott nach in der Liebe, sagte ich öfters zu mir selbst, so bist du ein Ebenbild der göttlichen Liebe. Je mehr du liebst, desto stärker wirst du geliebt werden; je stärker du geliebt wirst, je mehr Göttliches ist in dir. O Gott! verbinde durch reine Liebe mein Herz immer mehr mit dem Herzen Ludmillens, damit wir beyde durch Liebe eins werden. — Holla! ich höre blasen; zur Tafel; gut, der erwünschte Zeitpunkt kömmt immer höher.

Siebenter Auftritt.

Das Theater gehet in einen düstern Wald über, worinn an einer Kreuzstrasse eine Zauberhüte, und ein Baum stehet; gerade hinüber erscheint ein dickes Gebüsch, nebst einer Marktsäule.

Stichi, Schwarzibini.

Stichi. Jetzt erkenne ich erst, was ich für ein geschick-

geschickter Mensch bin, wenn sogar ein Oberstallmeister sich mir anvertrauet, und in geheimen Liebsrespective Staatsangelegenheiten mich gebrauchet, darf ich ja wohl stolz auf meine Geschicklichkeit seyn. Der Oberststallmeister verspricht in seinem und ins Oberjägermeister Namen mir und den Zauberer ein großes Rekompenz, wenn ich den Zauberer überrede, daß er die gegenseitige Liebe zwischen dem Herzoge und der Ludmille, vermöge seiner Schwarzkünsterey gänzlich aufhebet, den Abbt Wolfram aber als den Unterhandler dieser Liebe an Händ und Füssen krumm und lahm zaubert. — Aber still, daß es niemand hört; sonst gieng die Zauberey alle in mir aus. Mir könnte mein Kopf so schön weggezaubert werden, als wenn ich niemals einen gehabt hätte. Hier ist ein Kreuzweg durchs Holz; dort eine Hütte nebst einem Zauberbaume. Gut, — dort will ich anklopfen. (er stoßt mit dem Fuß an die Thür) Holla! holla! ist Niemand zu Hause?

Schwarzibini. Wer klopfet draußen?

Stichi. Gut Freund.

Schwarzibini. Wer ist gut Freund?

Stichi. Der ein Geld ins Haus bringt.

Schwarzibini. Wenn du Geld bringst, so steht dir die Thür angelweit offen; wo aber nicht, so gieb auf dich acht; ich bezaubere dich, daß du nimmer von der Stelle kannst, und haue dich mit meiner Zauberruthen so lang, bis du in die elisäische Felder abmarschirst.

Stichi. Drohet mir der auch schon mit den elisäischen Feldern. Gehe nur, mach einmal auf; ich bin der weltbekannte herzogliche Tischrath Stichi von Kelheim. Mache, laß mich nicht so lang stehen, ich muß heut noch weiter; ich bin eine gar nothwendige Person bey Hofe.

Schwarz. Förchte dir nicht, und eröfne mir dein Begehren — aber kurz und gut.

Stichi. Ehe ich dir sage, was mein Begehren ist, muß ich wissen, wer du bist? Schwarz.

Schwarz. Ich bin der im Lande weit und breit renomirte Waldmann.

Stichi. A ha! du bist schon der rechte; du bist ja sonst ein erfahrner Mann in der Schwarzkunst?

Schwarz. Der bin ich; — hier siehest du meinen Zauberbaum.

Stichi. Einmal für allemal er ists schon; der rechte Nothhelfer. (die Thüre wird eröffnet)

Schwarz. Aus was für einer Noth soll ich dir helfen? Wenn du kein Geld hast, so hast du dir bey mir auch keines zu getrösten. Es giebt verschiedene Schwarzkünstler: einige bringen Geld und graben Schätze: andere entdecken heimliche und zukünftige Sachen: wieder andere erwecken Liebe und Haß zwischen den Leuten, und machen dieselben krum und lahm. Sage nun, was verlangest du?

Stichi. Geld brauche ich nicht, denn ich habs Leben von Gott, und s'Essen von Hof; Geheimnisse mag ich auch nicht viele wissen, denn ich kann nicht viel verschweigen; ich suche einen Schwarzkünstler, der zwischen zwoen verliebten Personen Haß erregen, und den Unterhändler davon krum und lahm machen könnte.

Schwarz. Und der bin ich. Ich streue den Samen der Zwitracht zwischen Verliebte, und mache krum, was zuvor gerade war. Diese ist aber eine so große Kunst, daß ich es niemand zusage, auser wer mir verspricht mir ein ansehnliches Stück Geld.

Stichi. Fünfzig Dukaten verspreche ich dir; die sollst du baar haben, wenn du mir hierinn dienest.

Schwarz. Wa! die Hand darauf. —

Stichi. Da ist meine Hand. — Schlag dreymal drein, so wird unser Contract recht kräftig. So recht.

Schwarz. Jetzt wirds allgemach finster, und im Finstern treibe ich meine Kunst. Der Mond, der abnehmende Mond ist meinem Unternehmen vorzüglich günstig. Die Liebe soll eben so abnehmen.

D 5   Stichi.

Stichi. Aber mit dem zunehmenden Mondbart
die Liebe nicht wieder zunehmen: schlapperment,
dies wäre gefehlt.

Schwarz. Die Liebe soll nicht wieder aufleben,
sondern Haß und Feindschaft sollen an ihre Stelle
tretten; Mord und Tod soll erfolgen.

Stichi. Du bist ein Narr! Mord und Tod
wäre gar zu viel; es ist schon genug Haß und Feindschaft auf ewige Zeiten. Mord und Tod will ich
nicht. — Die Gräfinn erbarmte mir doch, wenn
ermordet würde: sie ist zu schön und zu gespäßig
dazu.

Schwarz. Bist du so weichherzig?

Stichi. Ja, das bin ich; das Frauenzimmer
kann ich nicht tödten sehen. Es gruselt mir gleich
im Herzen vor Schauer. — Nun sage mir, ob
du auch verschwiegen seyn kannst? denn sonst giengs
mir um den Hals; ich könnte mit einem Stricklein
zu tod gekützelt werden.

Schwarz. Ich sehe schon, du willst keinen
lachenden Tod sterben. Gut, ich kann schon verschwiegen seyn; und muß es auch seyn, vermög meines Amts, denn sobald ein geschworner Schwarzkünstler nur ein Wort von dem aussagte, was man
ihm in Geheim anvertrauet, so würde ihn sein Familiargeist erwürgen, auf der Stelle erwürgen.

Stichi. Wie heißet euer Familiargeist?

Schwarz. Ich habe zween, einer heißt Witzli-
butzli, der andere Amarillus.

Stichi. Ich mag keinen davon sehen; ich bin
von einer furchtsamen Natur; ich will nur mit dir
allein reden, und du mußt hernach ohne mich, mit
deinen Familiargeistern reden.

Schwarz. Dies soll geschehen; beyde erscheinen nur mir allein.

Stichi. Wenn dem also, so will ich reden. —
Der Herzog Ludwig aus Baiern ist ein junger,
feyriger und schöner Herr: er verliebte sich in die
Grä-

Gräfinn Ludmille von Bogen, auch eine junge, feurige und schöne Wittwe, und sie verliebte sich in ihm. Der Herzog erkennet nicht, daß er mit ihr angeführt wäre: aber wenns einmal beysammen seyn würden, so wollte ich dem Herzog einen offenen Brief zum Bürgerrecht in dem Land der Hörnertrager geben. Warum? die unumschränkte Freyheit, deren sich heut zu Tage die Weibsbilder anmassen, veranlasset sie, denjenigen Respect, welchen sie dem unauflöslichen Bande der Ehe schuldig sind, auf die Seite zu setzen; sie suchen Umgang mit andern Mannsbildern, und, wenn sie sich nicht mehr zu helfen wissen, so sind sie so unverschämt, daß sie aus ungegründeten Ursachen die heut zu Tage so gemein gewordene schändliche Leiberscheidung, oder, wie man sonst sagt, die Ehescheidung vor Gericht zu erzwingen suchen. Aber genug hievon. Der Oberststallmeister und Oberstjägermeister sind mit dieser Liebe nicht zufrieden. Beyde gaben sich bisher alle mögliche Mühe, diese Leidenschaft des Herzogs durch Jagen, Reisen und andere entgegengesetzte Lustbarkeiten heimlich zu vertilgen. Allein heut kam der Abbt von Oberalteich, und machte dem Herzoge eine Aufwartung, und glaublich hat er einen Funken der vorigen Liebe wieder erwecket; denn der Herzog ist auf diese Aufwartung so verliebt in die Ludmille worden, daß er heut noch von Landau nach Bogen reitet. Der Oberststallmeister hat mir in seinem und in des Oberstjägermeisters Namen aufgetragen, weil sie die Reise nimmer hintertreiben können, denjenigen Schwarzkünstler 50 Dukaten anzubieten, der Feindschaft zwischen dem Herzoge und der Ludmille pflanzen, und den Abbt krumm und lahm zaubern wollte. Jetzt hast du meine Begehren verstanden.

Schwarzibini. Dieses zu bewerkstelligen zwischen gemeinen Leuten, ist mir etwas leichtes. Zwischen regierenden Personen aber, die nicht alles
gleich

gleich glauben, ist es schon hart; doch ist es mir nicht unmöglich; denn ich bin einer der stärksten Zauberer im ganzen Lande. Da ich aber die 50 Dukaten wohl verdienen muß, so will ich auch wissen, wer mich dafür bezahlt.

Stichi. Der Oberstjtallmeister giebt 50 Dukaten allein, und der Oberstjägermeister will auch noch was beträchtliches brauf geben. Mach es nur kräftig.

Schwarz. Jetzt ists recht. Ich wills recht machen. Ich gehe nur in meine Hütte, lege den grünen Rock ab, und ziehe das schwarze Zauberkleid an; hernach wirds gleich angehen.

Stichi. Gut, gut, Stichi; sey nur nicht erschrocken; die Geister erscheinen dir nicht. Wenns vorbey ist, so kannst du spornstreichs nach Bogen galloppiren, und dein Douceur einnehmen. — Da wirst du sehen, wie der Herzog und Ludmille einander anfeinden, wie sie einander verachten, verkleinern, mit Haß und Fluchen auseinander gehen, und auf ewig nicht mehr lieben; da wirst du sehen, wie der Abbt an Händen und Füssen krumm und lahm daher kriecht. Das wird ein rare Komödie seyn.

Schwarz. Stichi, tritt dort hinter die Marksaule, während daß ich meine Beschwörungen mache, und rühre dich bey Leibe nicht, damit ich nicht irre gemacht werde.

Stichi. Ich möchte gern hin zum Baume stehn, daß ich gleich hinauf steigen könnte, wenn mir die Geister zu nahe kommen.

Schwarz. Bleib stehn, wo du stehst; zu der Saule kommt nichts. Es ist auch ein Gebüsch nicht weit davon, wo du dich verbergen kannst, wenn du ein gar zu großer Haasenfuß bist. — Den Baum darf niemand berühren, und noch weniger einen Zweig davon abreissen; ausser ich; denn, dieser Baum ist dem Waldgott eingeweihet: und wer einen Zweig davon reisset, der wird behext: nur mir ist
es

es erlaubt, einen Zweig davon zu meinen Beschwörungen zu nehmen. — Nun sage kein Wort mehr. — Hier um diesen Baum breite ich meinen mit magischen Karaktern überschriebenen Zirkel aus. — Ich steige hinein und rufe den Amarillus. (er liest etwas unverständliches aus dem Zauberbuche. Die Bothin von Bogen kömmt von ungefähr dazu, versteckt sich aus Furcht, und hört zu) Amarille, höre mich! Die Gräfinn Ludmille von Bogen hat ihren Bogen zu hoch gespannt, und mit selbigen ihre Liebespfeile auf das Herz des Herzog Ludwigs von Baiern gespielt; der Herzog ist dadurch verwundet, in stete Unruhe gesetzet, und zur Gegenliebe gereizet worden. So zerbreche dann den Liebesbogen Ludmillens, streue den Samen des Hasses und Zwietrachtes unter sie, daß sie einander ihre Liebe auffündigen, und ewig einander hassen. Nun gehe von hier, hintertreibe die bevorstehende Ehe, so hast du deine Schuldigkeit gethan. (es geschieht ein fürchterliches Krachen, weil er durch Anziehung einer Schnure, den in der Hütte stehenden Scheiterhaufen umwirft. Er spricht:) Necte tribus modis ternos Amarille colores, Necte Amarille modo, & Veneris dic vincula necto.

Ex Virgilii Eclog. 8. v. 77.

Nun sage mir Amarille, ob es geschehen sey? (es geschieht in der Hütte ein Getös auf obige Art).

Nun höre du mich Wizlibuzli, du Genius der Eichbäume! mit dir rede ich ganz allein. Vor vier hundert Jahren stunden zwo große Eichen 14 Meilen voneinander, die eine an dem Bogenflusse, die andere an dem Schwarzach, wo beyde Flüsse in die Donau fallen. — Der Herzog Theodor in Baiern weihete jene zwey Eichbäume nach dem heidnischen Gebrauche ein. Es durfte Niemand bey Lebensstrafe auch nur ein Zweig davon abschneiden: wan verlobte sich zu denselben, und bey angesteckten

Eich-

Lichtern wurde dabey gesungen. Herzog Utilo ließ im achten Jahrhunderte diese zwo Eichen niederreißen, und alldort zwey Klöster erbauen, welche noch heut zu Tage den Namen von den umgehauenen Eichen Ober- und Niederaltteich führen. Dies ist ein Schimpf für das ganz Geschlecht der Eichbäume: dieser Schimpf geschahe auf Zureden der damaligen Benediktinermönchen. Dieser Schimpf soll an dem jetztlebenden Abbt von Oberaltteich noch darum gerächet werden, weil sich derselbe in die Liebshändel zwischen dem Herzoge Ludwig in Baiern, und der Gräfinn Ludmille mischte. Wo also immer ein Blatt oder Zweig von einem Eichbaume lieget, da soll eine Unstätte seyn für den Abbt zu Oberaltteich; ja selbst der Weg zwischen Landau, Oberaltteich und Bogen soll für ihn eine Unstätte seyn; mache ihn lahm an Händ und Füßen. Sobald der Abbt eine Unstätte betretten, und lahm geworden, so gieb mir ein Zeichen. Siehe, ich nehme ein Zweig mit auf der Oberfläche eingeschnittenen Figuren in die Hand, ich breite ein weißes Tuch auf, und werfe das Zweig darauf. Wenn die Figuren auf dem Zweige oben zu stehen kommen, so ist er schon krum und lahm. (er wirft das Zweig und die Figuren stehen in der Oberfläche da, weil das Holz schon also zugerichtet ist) Nun sehe ich, daß der Abbt krum und lahm ist. Amarille und Witlibuzli ihr habt eure Schuldigkeit gethan. Ich danke dermalen für euere getreue Dienste. Das Werk ist vollbracht. — Stichi! komm hieher, komm! das Werk ist geendiget.

Stichi. Ich getraue mir nicht. Ich schwitze vor Furcht.

Schwarz. Förchte nichts, es ist alles vorbey.

Stichi. Dort bey euch ist ein großes Getös gewesen, als wenn ein Scheiterhaufen zusammenfiel. Dies Krachen hat mich in Schrecken gesetzt; ich habe Todesangst ausgestanden.

Schwarz.

Schwarz. Komm nur! das Getös ist schon vorbey, und kommt nichts mehr. — Das Getös ist sonst noch größer, es ist sonst wie ein Donnerwetter.

Stichi. Was hat er dann durch das Getös gesagt?

Schwarz. Während dem Krachen hat er mit mir in der Schwarzkünstler Sprach geredet, und diese verstehet niemand als ich und Amarillus. — Es darf auch niemand zuhören, als nur jener dem ichs erlaube, wie ich dirs erlaubt habe.

Stichi. Es hat aber doch noch jemand zugehört.

Schwarz. Wer hat noch zugehört? ich habe niemand gesehen.

Stichi. Die Böthinn von Bogen; die hat da vorbeygehen wollen, weil es der nächste Weg nach Bogen ist. Sie erschrack aber, gieng gleich zurück und versteckte sich unters Gebüsch.

Schwarz. Ist sie schon lang unterm Gebüsch gewesen?

Stichi Bis die Beschwörungen angefangen haben, hernach ist sie auf der andern Seite fortgegangen.

Schwarz. Ey! dies hättest du mir sagen sollen, ich wollt sie ausgezahlt haben.

Stichi. Ich hätte es gern gesagt, aber du hast mir ja das Reden verbotten. Ich habe mich zwingen müssen, daß ichs nicht gesagt habe. — Wenns die Böthinn zu Bogen sagte, dies wäre eine neue Rauperey.

Schwarz. So laugnen wirs ihr von Fleck weg. Wir sagen, sie hat uns für die Unrechten angesehen. Probieren kann sie es nicht; und uns beyden wird man ja mehr glauben, als einem so schlechten Weibe. Wo ist nun die Bezahlung für mein Meisterstück?

Stichi. Reite nur mit mir nach Bogen. Beym Wirth zu Landau stehen schon im Stall zwey Pferde für uns bereit.

Schwarz. Nun will ich meinen Zirkel, das Eichzweig, das weiße Tuch und das Zauberbuch in

meine

meine Hütte tragen, den schwarzen Rock auszie=
hen und den grünen anlegen; die Hütte zusperren,
und gleich mit dir gehen.

Stichi. Behalte nur den schwarzen Rock an,
so glaubts der Herr Oberststallmeister desto eher,
daß du vom Schwarzkünstlerorden bist. — Man
muß allweil ein Ordenszeichen bey sich haben.

Schwarz. Ist auch recht. Bleibe ein wenig
heraus vor der Thüre stehen; ich komm gleich
wieder heraus.

Stichi. Ich gehe dir gewiß nicht hinein. —
Mache geschwind! es ist Zeit! — ich mag nicht
lang warten. — Aber wie werden wir den Weg
finden? es ist schon stark finster. Der Mond
nimmt immer mehr ab, und ich bin in dieser Ge=
gend ganz fremd. Ey, ey, dies wird eine schöne
Reise werden! Der Wirth muß uns gleichwohl
einen Knecht mitgeben.

Schwarz. Warum jamerst so? Ich weiß den
Weg schon nach Bogen, bey Nacht wie bey Tag.
Der Mondschein wird unser Geleitsmann seyn.

Stichi. Was hast denn da für ein krummes
Horn bey dir?

Schwarz. Ich habs zu mir genommen, da=
mit uns der Mondschein aufn Weg nicht verlas=
set; es ist das Ordenszeichen der Zauberer. Wir
Schwarzkünstler, haben in unserm Zauberbuche ein
Gesang, welchen wir bey abnehmenden Mond sin=
gen, um den, mit einem ungeheuren Thiere strei=
tenden Mond, das ihn auffressen will, Muth zur
Gegenwehr einzuflössen; denn solang der Mond mit
dem großen Thiere streitet, haben wir kein hin=
längliches Licht, weil uns das Thier dasselbe be=
nimmt.

Stichi. Ein Sterngucker bin ich nicht, hab
auch mein Lebtag durch kein Seherohr geschauet,
und so kein Thier im Firmament gesehen, solche
Sachen glaub ich lieber ehe ich ins Firmament hin=
aufsteige, und schaue, obs wahr ist. Schwarz.

Schwarz. Du thust recht, das Glauben bricht
keinem den Kopf, da unterdessen die Astronomi=
ker ihnen das Hirn heraus studieren, bis sie das be=
weisen können, was du bloß glaubest. Nun secun=
dire mich, ich will ins Horn blasen und singen,
schaue fein aufs Papier her. (Er bläst auf dem
 Horn und singt hierauf:)
O Mond, o Mond! o goldner Mond!
Wie schlecht wird dir dein Dienst belohnt,
Den du uns leist't bey finstrer Nacht.
Das grosse Thier, das mit dir ficht,
Nimmt uns hinweg dein schönes Licht,
Und raubt dir deine ganze Pracht.
So streite, kämpfe, überwinde. (Da Capo.)
 (Er bläset ins Horn.)
Das grosse, wilde Ungeheur
Stürzt es hinab ins ewge Feuer,
Mach', daß ich dich als Sieger finde, (er bläset)
Mit Blasen will dir Muth einflößen,
Zur Gegenwehre und zum Streit;
Das Thier ist wild und schon bereit
Dich ganz und gar heut aufzufressen.
O Mond, o Mond! nun überwinde!
Einen Lorbeerkranz ich dir binde. (Da Capo.)
 (Er bläset.)

Nun haben wir den streitenden Mond zur Ge=
genwehr aufgefrischet, und ihm so viel Hülfe gelei=
stet, als wir konnten.

Stichi. Ein schöner uralter Aberglaube. Diese
sind Schusterpossen; geh nur, es wird durch unser
Singen und Blasen doch nicht liechter.

Dritter Aufzug.

Der Wald wird in den Graf Bognerischen Hofgarten umgeschaffen, worinn an einer Tafel die Gäste sitzen, während ihrer Unterredung tragen die Hofleute die Speisen ab, und heben auf. Der Garten ist mit Laternen beleuchtet.

Erster Auftritt.

Conrad, Ludmille, (Luitpold, Berthold III. Albert IV. Hedwig,) vier leibliche Geschwister. (Alle bleiben sitzen.)

Conrad. Ich kann mich nicht entsinnen, ein besseres Abendmahl irgendswo in meinem Leben eingenohmen zu haben, als heute allhier in dero Hofgarten. Alles war gut, und die angenehme Unterhaltung selbst, gab den Speisen noch einen höhern Geschmack.

Ludmille. Es freuet mich sehr, wenn Euer Hochwürden, Herr Bischof, bey meiner geringen Tafel allhier etwas gefunden, was Ihnen anständig gewesen ist. Das Tractament war zwar klein, aber der Willen war groß, ich bitte damit vorlieb zunehmen.

Conrad. Doppelten Dank habe ich dafür abzustatten, einen für Speis und Trank, den andern für die angenehme Unterhaltung, die mit so vielem Witz gewürzet war.

Ludmille. Wenn man immer mit Haussorgen beladen ist, so gebricht es allgemach an witzigen Einfällen; man hat auch dabey wenig Zeit Bücher zu lesen, die den Verstand des Frauenzimmers schärfen können. Was ich gesagt und erzählt habe, ist dessentwegen geschehen, weil sonst meine zwey Söhne,

ne, nämlich Berthold von Heyrathen, und Albert von Errichtung der neuen Stadt Lichtenwerd reden.

Conrad. Ich habe die Ehre die Frau Gräfin zu versichern, daß mir beyde Gespräche angenehm waren. Wer sich einmal zum Heyrathen entschlüsset, der soll davon oft und viel mit vernüftigen Personen reden, damit er auf alle Vorfälle dieses höchstwichtigen Geschäftes aufmerksam, vorsichtig und behutsam werde.

Albert. Ich würfe meinem Bruder Berthold seine Heyrathsgedanken nicht vor, wofern er mich nicht selbst wegen der Fräulein Gräfin Reichiza von Dillingen stets, wo er nur eine Gelegenheit findet, vexirte.

Conrad. Scherz schärfet den Verstand, und sowohl der Graf Berthold, als der Graf Albert, sind allem Ansehn nach, für die Erhaltung ihres gräflichen Stammes, und also für den Ehestand besorget.

Berthold. Ich denke weniger ans Heyrathen, als mein Bruder Albert; meine Gedanken gehen nur allein auf den Krieg, und ein ernsthafter Krieger hat nicht so viel Zeit, noch Lust, oft auf die Liebe zu denken.

Albert. Herr Bruder, ich habe auch andere Sachen zu meinem Gegenstande, als das Heyrathen. Die Errichtung der Stadt Lichtenwerd giebt mir genug zu denken.

Luitpold. Es ist wahr, Albert ist mit dem Plan dieses Baues dergestalt beschäftiget, alls wollte er Babylon erbauen.

Hedwig. Ihro Gnaden, Frau Mutter, was ist denn Babylon?

Ludmille. Dies sollst du aus der Historie wissen.

Luitpold. Es war die Hauptstadt im assyrischen Reiche.

Hedwig. Aufs assyrische Reich bin ich noch nicht gekommen, da hab ich noch lange hin.

Luitpold. Die erste Monarchie war die assyrische, und von der ersten Monarchie wirst du ja zu lernen angefangen haben?

Hedwig. O nein, ich habe bisher nichts gelernet, als die Geschichte Baierlands. Mein Lehrmeister behauptet, man müsse vom Vaterlande in Erlernung der Geschichte anfangen; nemlich von Baiern und von Deutschland, hernach soll man erst ins Ausland ziehen, und eins nach dem andern, das römische, griechische, persische und assyrische Reich studieren.

Conrad. Ihr Lehrmeister muß ein sehr geschickter Mann seyn, denn, wenn mir alle ausländische Reiche bekannt sind, und ich dabey mein Vaterland nicht kenne, so bin ich noch zu Hause ein Fremdling. Was kann nun ein Fremdling Gutes rathen, richten oder schlichten, das der Einrichtung und Beschaffenheit des Vaterlandes angemessen wäre?

Hedwig. Ich werde doch mit der Zeit auch lernen, was Babylon sey.

Ludmille. Ein kleiner Vorwitz sticht sie doch, es zu wissen.

Luitpold. Mit Erlaubniß, ich will es mit wenig Worten sagen: Babylon war eine in den alten Zeiten sehr mächtige, grosse und berühmte Stadt in Asien, am Flusse Euphrat, die dem babylonischen Reiche den Namen gab.

Hedwig. Ich danke ihnen, Herr Bruder, für diesen kleinen Vorschmack.

Conrad. Die Wißbegierde der Fräulein Gräfin verdient, daß mans weitläuftiger beschreibe. — Vor kurzer Zeit las ich vieles von Asien; was mir noch beyfällt, will ich kürzlich berichten: Assyrien ist noch eine grosse Landschaft in Asien, an den beyden Ufern des Tigerstroms, welche heut zu Tage Kurdistan heisset, und darein sich die Türken und Persianer getheilt haben. Die Hauptstadt davon ist Babylon. — Die Herrlichkeit dieser Stadt, da sie
noch

noch in ihrem völligen Flore stund, wird von den alten Scribenten so groß geschildert, daß es fast schwer fällt, heutiges Tags ihren Berichten Beyfall zu geben. Die meisten unter ihnen kommen darinn überein, daß sie 360 Stadien, das ist, 45000 Schritte im Umfange gehabt. Die Mauer, welche von Ziegelsteinen gebauet, und mit Judenleim befestiget war, soll 100 Ellen hoch, und 32 Fuß breit gewesen seyn; so, daß füglich zwey Wagen neben einander darauf fahren konnten. Die Thürme aber sind 10 Fuß höher gewesen, als die Mauer. Die Gebäude sind etwas weit von der Mauer entfernt gestanden, und sollen sich innerhalb der Mauer hin und wieder Aecker befunden haben, davon man zur Zeit der Belagerung Unterhalt nehmen konnte. Die grossen Höhlen, darinne man das Wasser aufgefangen, die vortrefliche Brücke über den Euphrat, und das Schloß, welches 20 Stadien im Umkreise begriffen, werden auch als besondere Wunderwerke beschrieben, sonderlich aber die auf steinern Pfählen gepflanzte Gärten, welche das Ansehen gehabt, als wenn sie in der Luft geschwebt, und daher hasti pensiles genennt worden. Anderes Zeug, was noch die Schriftsteller anführen, kann man nicht einmal alles glauben.

 Ludmille. Dank Euer Hochwürden, Herr Bischof, für diese schöne Erzählung. Ich habe selbst mein Lebtag nichts schöners davon gehört. Hedwig, steh auf, und bedanke dich bey dem Herrn Bischof, für diese seine gelehrte Beschreibung. (Hedwig steht auf und macht eine Verbeugung.)

 Hedwig. Ich küsse ihnen die Hand, Ihre Hochwürden, Herr Bischof, und sage demüthigen Dank für diese gelehrte Beschreibung der Stadt Babylon. Aber jene Gärten in der Luft möchte ich sehen können; sie sind gewiß schöner gewesen, als unser Hofgarten.

Ludmille. Dies darfst du dir sicher einbilden, unser Bogner Hofgarten, gehört so wenig darunter, als Lichtenwerd, die Stadt deines Bruders.

Albert. Jhro Gnaden, Frau Mutter, ich bin auch mit verstanden. Demohngeachtet werden sie doch selbst noch die Freude erleben, Lichtenwerd mit Stadtmauern umgeben zu sehen, und zwar entweder als —

Ludmille. Was als — nur frey ausgeredet.

Albert. als Wittwe, oder als Herzogin in Baiern.

Ludmille. Ich denke weniger ans Heyrathen, als er, und als sein Bruder. Es ist wahr, ich bin eine, so zu reden, noch junge Wittwe, der man es nicht verübeln könnte, falls sie eine anständige Heyrath noch dem Wittwenstande vorzieht. — Allein ich weiß, was ich gehabt habe, weiß aber nicht, was ich bekommen würde.

Albert. Jhro Gnaden Frau Mutter, einen jungen, schönen, muntern und guten Herrn, den Herzog Ludwig von Baiern. Es ist freylich schon lange, daß der Herzog nicht mehr in Bogen gewesen ist, allein, alte Liebe rostet nicht.

Conrad. Jhro Gnaden, ohne Scherz zu melden; der Herzog ist dero Person werth, und Jhro Gnaden sind des Herzogs werth, und so viel ich glaube, so hat der Herzog seine Gesinnungen noch nicht geändert.

Albert. Alles, was ich sagte, Jhro Gnaden, Frau Mutter, will ich mit Beybehaltung der kindlichen Ehrfurcht gesagt haben.

Ludm. Mein lieber Sohn, ich war schon verheyrathet und weiß schon, was der Ehestand ist. Euer Vater, mein Herr, war in der That ein braver, liebreicher, gefälliger und vernünftiger Ehegatte, der die Pflichten eines Ehemanns vollkommen erfüllte. Gott wird ihm dort die ewige Freuden dafür verleihen. Er hat mich niemals betrübt, noch weniger

hart

hart gehalten. Nirgends hat er mir zu kurz geschehen lassen, meine Schwachheiten (wovon das weibliche Geschlecht sich ganz und gar nicht ausnehmen darf) mit grosser, ja manchmal mit heroischer Gedult übertragen. Unser Ehestand war, so zu sagen, ein Vorschmack des Paradieses, und dennoch schauderts mir, wenn ich zurück denke, was für Kreuz und Jammer ich dabey auszustehen gehabt habe. Wie meynt ihr, meine Kinder, wie es mir ums Herz gewesen sey, als mein Herr nach Apulien ins Elend geschickt worden ist, wegen den Unruhen zwischen ihm und den beyden Grafen von Ortenburg. Zu seinem Glück brachte die Kaiserin einen Prinzen zur Welt, wenn ich mich nicht irre, ums Jahr 1194, da mein Gemahl die schleunigste Nachricht dem Kaiser Heinrich VI. überbrachte, und dadurch sich, so wie dem Ottokar, in Böheim, die kaiserliche Gnade erwarb. Bald hierauf nahm er mit Kaiser Heinrich einen Feldzug nach Asien vor, wo unser Nußberger und Cammerauer auch mit gewesen waren. — Wie schmerzhaft fiel mir damals der Abschied, den er mit weinenden Augen von mir nahm! Das Herz pochet mir noch, wenn ich daran denke. — Als er mit dem Wolfgar, Bischof von Passau, von diesem Feldzuge zurück kam, so zogen sie beyde wider die Ortenburger ins Feld. Fast ganz Niederbaiern wurde durch diesen Krieg verwüstet, was Schrecken und Sorge empfand ich damals für meinen Ehegatten! Kinder, ihr denket es ja selbsten noch.

Conrad. Ihro Gnaden, man muß die Wunden nicht mehr erneuern.

Ludmille. Und was für Sorgfalt hat mir, o Kinder, euere Geburt und Auferziehung gekostet. — Doch hiervon genug. — Jtzt wollen wir, wenns beliebig ist, ins Zimmer hinauf gehen, die Nachtluft ist nicht gesund; ein wenig

Nebel

Nebel scheint auch einzufallen. Nußberger leuchte
er uns voraus.

(Alles stehet vom Tische auf, der Probst
führt seine Fräulein Schwester, der
Bischof die Gräfin Ludmille unterm
Arm, und gehen ab. Berthold und
Albert bleiben im Garten.)

Berthold. Ich und mein Bruder bleiben noch
ein wenig hier. Den Kriegsleuten schadet die
Nachtluft nicht.

Zweyter Auftritt.
Berthold, Albert, Nußberger.

Berth. Aber, Herr Bruder, sage mir doch, wie
hast du mögen die Frau Mutter auf Heyrathsgedan=
ken mit deinem unvorsichtigen Gespräche bringen?

Albert. Warum? Es ist ja noch wohl wahr=
scheinlich, daß der Herzog Ludwig seine Gesinnungen
noch nicht geändert habe. Der Bischof ist ja selbst
dieser Meynung.

Berth. Du weißt ja, daß, wenn unsrer Frau
Mutter von einer zweyten Vermählung vorgeredet
wird, sie sodann von ihrem ersten Ehegatten zu spre=
chen, und sich zu beklagen anfängt, ihn so frühzei=
tig verlohren zu haben, und diesen ihren Klagen kein
Ende mehr machen kann, es sey denn, man ste=
het auf, und gehet davon.

Albert. Dies ist mir wohl bewußt. Allein,
der Bischof bekommt ja dadurch Gelegenheit, im
Vorfalle einer Vermählung mit Ludwig und unsrer
Frau Mutter, manchen guten Rath, heilsame Erin=
nerungen und vortheilhafte Kenntnisse von ihrem
küftigem Gemahl zu ertheilen.

Berth. Das Gespräch wird ohne Zweifel noch
fortdauern, ich bin deßwegen nicht mit hinaufgegan=
gen, der Bischof wird sich seinen Theil denken. In
den Augen der Clerisey ist unser seliger Vater ganz
übel

übel angeschrieben; als ein wilder kriegerischer Kopf, ja als ein Zerstöhrer der Kirchen und der Provinz selbst.

Albert. Was? unser Vater ein wilder Krieger? er war wohl ein tapferer Kriegsheld. Schon im Jahre 1155. überwand er die Stadt Spoleto in Tuscien, und übersetzte von daher nach dem Kloster Windberg zwey heilige Leiber, nemlich des heil. Bischofs Sabini und der heil. Wittwe Serena. — Unterdessen reden die Geistliche im Umgange mit dem weiblichen Geschlechte nicht leicht von etwas lieber, als vom Heyrathmachen; sie wissen für was es gut ist; sie machen ihnen das neue Ehepaar zu Freunde, und ein Kuppelpelz thut ihnen manchmal auch wohl. — Unserer Mutter ist mit diesem Gespräche auch wohl bedient. Sie hoffet noch immer den Herzog zu bekommen; sie hat bisher mit keinem andern Freyer noch angebunden.

Berthold. Vielleicht würde unsere Mutter klüger gethan haben, wenn sie einen andern die Hand gegeben hätte, der mehr ihres Gleichen gewesen wäre.

Albert. Just, als wenn unsere Mutter nicht seines Gleichen wäre: sie ist von Geburt eine Prinzessin aus Böheim; ihr Vater Primislaus, der zwölfte böhmische Herzog, empfieng erst kürzlich die königliche Krone aus der Hand des Kaisers Otto.

Berthold. Aber ihre erste Heyrath?

Albert. Unser Vater machte sie durch seine Vermählung nicht geringschätziger. Ob wir schon keine herzogliche Würde tragen, so besitzen wir doch so viele Land und Leute, das auch mancher Herzog nicht hat. Unser Vater hinterließ uns unsere Grafschaft mit Ehren und Reichthümern erfüllet. Unsern Vorfahrern Friedrich I. und Apscuin I. Gebrüdern und Söhnen unsers Stammvaters Hartwigs I. Grafen von Bogen, hat auch schon Kaiser Heinrich IV. nachdem er den Herzog Welf vertrieb, Niederbaiern mit den beyderseitigen Gestaden der

Donau, von Passau und Halls bis Regensburg, und
was noch weiter nach Böheim hinein gränzet, an
vertrauet, und zwar als ein erbliches Eigenthum,
welches wir von der Kirche zu Bamberg zu Lehen
tragen.

Berthold. Es ist hier nicht die Rede von den
Gütern und Landesbesitzungen; daß unsere Vorfahrer, die Grafen von Bogen, jederzeit eines der
reichsten und ansehnlichsten Geschlechter gewesen sey,
ist ja landkündig; aber — —

Albert. Was aber? Bruder Berthold, was
aber? sind wir etwa vom Geblüte aus nicht eben so
gut, als der Herzog Ludwig? Stammen wir nicht
eben sowohl vom Herzoge Luitpold in Baiern her,
als die Grafen von Wittelsbach? oder vermeinest du,
ich miskenne meine Abkunft? — Unser Stammvater, Graf Hartwig I. von Bogen, war bekantermassen einer aus den 30 Söhnen des Grafen Rabo von
Abensberg. Dieser Rabo war ein Sohn des Grafen Bertholds zu Scheyern, Berthold aber, ein
Sohn des Herzog Arnulphs II. in Baiern, ein Enkel des Herzogs Arnulphs I. und Urenkel des Herzog Luitpolds in Baiern. Richtig ist diese Genealogie; und in Ansehung dieser Abstammung, dann
andern persönlichen Verdiensten schenkte Kaiser Heinrich der III. schon im Jahre 1065. auf Fürbitt der
Kaiserinn Agnes, unsern obgedachten Hartwig I.
im Gebiethe Nordgau und in der Grafschaft Heinrichs sechs königliche Sitze. Und was war unsere
Stammmutter Bertha, die Gemahlinn des Grafen Hartwig I. anders, als eine Prinzessinn Tochter des Königs Geusa in Ungarn, welche mit ihm
den Regensburgischen Schirmherrn Friedrich I. und
Apscuin I. zur Welt brachte, wovon jener der
Stammvater der gräflich=Bognerischen Linie, dieser aber der Stammvater der Grafen von Ziblarn
und Windberg geworden. Hast mich verstanden,
Herr Bruder?

Berth.

Berthold. Ey ja, Herr Bruder; du sprichst mit mir, wie ein Professor in der Genealogie und Historie. Sey aber versichert, daß mir unsere Abkunft nicht unbekannt sey.

Albert. Scherz auf die Seite, Herr Bruder. Einmal unsere Mutter ist des Herzogs Ludwigs würdig; du magst ihre Abstammung oder ihre Heyrath betrachten. Ehe ich meine Mutter mit andern Prinzessinnen um die Hosen zanken ließ, so wollte ich mich mit diesen Stahl raufen; (er deutet auf sein Seitengewehr) sie ist ohnedem mit ihm schon genug ins Geschrey gekommen.

Berthold. Bruder, man muß dir Wasser in Wein schütten: wenn ich sagte, daß der Herzog seines Gleichen suchet, so wollte ich nicht dadurch verstanden haben, als wäre unsere Mutter dem Herzoge entweder an Geburt, oder wegen ihrer ersten Vermählung nicht gleich. Dieses war nicht meine Meinung, und konnte es auch nicht seyn: ich wollte nur sagen, Herzog Ludwig suche als ein junger, schöner, feuriger und noch lediger Herr seines Gleichen, das ist, eine junge, schöne und annoch ledige Standsperson, keine Wittwe, welcher schon drey Söhne und eine Tochter ihr Daseyn zu verdanken haben. Dies ist der wahre Verstand meiner Worte. Die hohe Abkunft unsers Vaters sowohl, als unserer Mutter läugnet Herzog Ludwig gewiß nicht; und die Macht der Grafen von Bogen hat er schon selbst versuchet, da unser Vater mit der geweckten Fahne in der Hand, auf ihn, den Herzog Ludwig, der den zween Grafen von Ortenburg Rapoto nemlich und Heinrich, unsern Feinden, im letzthin entstandenen Kriege zur Hülfe eilte, schnur gerad losgegangen, ihn überwunden, und sich nicht eher zur Ruhe begeben hat, bis der Kaiser sich darein legte, und unsern Vater in Apulien vertrieb. Uebrigens gestehe ich, daß unsere Frau Mutter, wenn sie noch ledig wäre, das Herz Ludwigs leicht erobern würde.

Albert.

Albert. Jetzt verstehen wir einander schon besser: aber noch nicht vollkommen. — Du mußt dir den Herzog vorstellen als einen vernünftigen, weiteinsehenden Herrn, der bey seiner künftigen Vermählung nicht nur auf eine hohe Abkunft, auf Schönheit und Jugend seiner Braut bedacht ist, sondern auch dahin trachtet, daß er von seiner künftigen Gemahlinn nebst einem Erben auch eine fette Erbschaft, als einen schönen Zuwachs zu seinem Lande erobert. (es kömmt

Nußberger. Ihro Gnaden Frau Mutter schicket mich hieher, um beyden gnädigen Herren Söhnen zu vermelden, daß Sie sich zu ihr ins Zimmer verfügen sollen: sie wolle Ihnen einen Brief sehen lassen, der erst angekommen sey. Ich weiß aber nicht, wo er her seyn soll, wenn er nicht vom Herzoge ist.

Albert. Auf diesen Brief bin ich begierig.

Berth. Geschwind, Herr Bruder! zur Frau Mutter. Vom Herzoge Ludwig kann der Brief nicht seyn, denn er gehet nach Leonberg auf die Jagd. Lasset uns gehen. (beyde gehen ab)

Nußberger. Es kann nur gar zu wohl seyn, daß der Brief vom Herzoge hergeschicket ist; die Gräfinn hat es zwar nicht gesagt, allein die Staffete hat doch die herzogliche Livre an.

Dritter Auftritt.
Nußberger, Cammerauer.

Cammer. Sind die zween Grafen nicht hier? Die Frau Gräfinn hat mich nachgeschicket, daß, wenn sie nicht mehr im Hofgarten seyn sollten, ich sie überall aufsuchen soll, wo ich sie nur immer antreffen kann.

Nußberg. Beyde Herren Grafen waren hier; ich habe es ihnen schon gemeldet, daß sie die Frau Gräfinn sprechen will, sie sind gleich abgegangen, und werden vermuthlich schon bey der Gräfinn seyn. Was mag wohl diese Staffete mitgebracht haben?

Camm.

Cammer. Die Gräfinn ist hierauf gleich ganz aufgereimt geworden.

Nußberg. So ist der Brief sicher vom Herzog Ludwig.

Cammer. Wie könnte ich daran zweifeln? die Staffete ist ja vom Herzoge; der Herzog wird vermuthlich sein gegebenes Ehewort einmal in Erfüllung bringen.

Nußberg. Dies kann ich nicht glauben; eher stehet eine cathegorische abschlägige Antwort darinn. Der Herzog wird schon eine andere Parthie in Handen haben.

Cammer. Glauben Sie nur dies nicht. Der Herzog könnte keine bessere Parthie treffen, als mit unserer Gräfinn. — Dermalen wird die denen drey Herren Söhnen durch den Tod ihres Herrn Vaters zugefallene Grafschaft von ihnen gemeinschaftlich besessen und regiert. Ihr ältester Herr Bruder ist Geistlich und sein Antheil fällt einmal den beyden andern zu; stirbt von diesen beyden auch einer ohne Leibeserben, so fällt die ganze Grafschaft auf den überlebenden Grafen. Hier kann der Herzog denken: wenn die Graf-Bognerische Familie ins Grab gehet, so seye seine herzogliche Nachkommenschaft Erbe davon. Beym Kaiser stehet Herzog Ludwig in Ansehen; der verleihet ihm diese Grafschaft gleich. Diese Erbschaft stünde dem Herzogthume Baiern so schön, als einer königlichen Krone ein Diamant.

Nußberg. Da haben Sie recht. Dies alles kann sich mit der Zeit ereignen, wenn wir beyde nicht mehr leben. — Unterdessen sind die Vortheile auf beyden Seiten fast gleich. Herzog Ludwig stehet beym Kaiser in grossem Ansehen; wie vortheilhaft ist es nun nicht für unsere Herren Grafen, in dessen Freundschaft zu gelangen, der des Kaisers Gunst besitzet, und ihnen verschiedene Reichslehen und Beförderungen beym kaiserlichen Hofe auswirken

ken kann? Wie sehr wird das Graf=Boguerische Haus zunehmen, und wie weit endlich, wird es dem Graf=Ortenburgischen überlegen werden? welchen Einfluß auf die Grafschaft Bogen muß eine solche Schwägerschaft nicht haben?

Cammer. Diese Heyrath kann der Eingang in Glückstempel, sowohl für eine, als die andere Familie seyn.

Nußberg. Wenn nur noch ein Funken der vorigen Liebe zwischen dem Herzoge und der Gräfinn noch glimmet. Aber, aber ich fürchte, sie sey erloschen. — Bereits ist ein ganzes Jahr verstrichen, ohne daß der Herzog sein Eheversprechen in Erfüllung gebracht, oder auch nur eine Visite mehr zu Bogen gemacht hatte. Wie kann ich mir einbilden, daß er noch liebe? Die vielen Anwerbungen, so andere Freyer um die Gräfinn seither machten, sind ihm nicht unbekannt, und doch kömmt er nicht. Aus Eifersucht müßte er doch kommen, wenn er sie noch liebte.

Cammer. Dies folgt nicht hieraus: ein anders ist eine Liebe, ein anders ist eine Eifersucht; der Herzog bauet auf die Standhaftigkeit der Gräfinn, und läßt sich also von der Eifersucht keine Grillen in den Kopf setzen, die ihn nicht einen Augenblick seines Lebens ungemartert liessen. Der Herzog hat erfahren, daß die Gräfinn ihm keine Umarmung ausser ehelicher Verbindung gestattete, und dahero drey Ritter zum Eheversprechen brauchte. Um wie viel weniger würde sie es einem andern gestatten? Die Gräfinn ist ihren ersten Herrn allezeit treu geblieben, auch in dessen langer und vielfältiger Abwesenheit. Dies weiß der Herzog wohl, und dahero kann die Eifersucht in seinem Herzen keine Wurzel fassen.

Nußberger. Die Gräfinn bleibt schon getreu; ob aber der Herzog nicht umsattelt, ist erst die Frage. — Hören Sie nur einmal: der Graf Berthold

hat

hat einen Brief bekommen vom herzoglichen Oberstjägermeister, mit dem er stets in Correspondenz steht.
Derselbe ist von Dinglsing datirt, des Inhalts: daß
der Herzog nach Leonberg über Landau reiset, um
dort zu jagen, und sich zu erlustigen. Der Graf
von Leonberg hat eine schöne junge Fräulein; wie
leicht kann diese den Herzog einnehmen.

Cammerauer. Dies ist mir etwas ganz neues.
Braucht diese Zeitung aber keine Bestätigung mehr?

Nußberger. Der Graf hat mir den Brief lesen lassen. Er hat auch noch dazu gesagt, er werde bald erfahren, was zu Leonberg vor sich gehe;
er werde auch Brief von Leonberg aus bekommen.

Cammer. Dies ist ganz was anders. — Jetzt
gebe ich keinen Liar mehr um die Heyrath mit der
Gräfinn Ludmille; glaublich bekommt sie in dem
Briefe vom Herzoge den Korb. Gehen wir nun
geschwind zu der Gräfinn, sie ist im Gastzimmer;
da werden wir schon was mehreres inne werden.

(beyde gehen ab)

Vierter Auftritt.

Der Hofgarten verändert sich in das Graf-Bognerische Gastzimmer im Schlosse. Ludmille,
und Conrad sitzen an einem Spieltische, um-
her stehen Heidwig, Luitpold, Berthold,
und Albert.

Ludmille. Nun haben Sie alle den Brief gesehen und gelesen: was halten Sie vom Inhalt desselben? er ist vom Herzoge eigenhändig geschrieben,
unterschrieben, und mit seinem geheimen Credenz-
siegel befestiget.

Conrad. Dieser Brief enthält für Euer Gnaden viel angenehmes. Ein Liebhaber kann an seine
Geliebte kaum anders schreiben. Der Herzog meldet darinn: daß er Euer Gnaden Gegenwart nicht
läu-

länger entbehren kann; daß er, dringender Ursachen wegen selbst, von Mund zu Mund mit Euer Gnaden sprechen will; daß er unruhig ist, und — hier in Bogen, Beruhigung finden will. — Ich mache meine Gratulation zu dieser Liebeserneuerung.

Hedwig. Ihro Gnaden, Frau Mutter, die zwote Liebe wird stärker seyn, als die erste.

Berth. Kleine, was verstehest du von der Liebe? Hier mußt du schweigen, und nur reden, wenn die Frage von jener Liebe aufgeworfen wird, welche die Nonnen in Geisenfeld zu ihrem Bräutigam haben sollen. — Ihro Gnaden, Frau Mutter, dieser Brief sey gleich ein Versuch einer abschlägigen Antwort, oder eine verdeckte neue Liebeserklärung, da der Herzog seine Einkehr nicht im Schlosse nimmt, so muß er einen Verdruß auf Ihro Gnaden haben, denn er weiß, daß im Schlosse beständig Zimmer für ihn bereit stehen.

Albert. Auch ich bin dieser Meynung. Unterdessen wollen wir was bessers hoffen, das Arge kommt noch allzeit früh genug.

Luitpold. In meinen Augen ist dieser Brief mehr, als eine blosse Liebeserklärung, ich kenne das Gemüth des Herzogs etwas besser. Der Brief zeuget auch von einer Reue des Herzogs, oder von einer Schamhaftigkeit, daß er sein gegebenes Wort noch nicht in Vollziehung gebracht hat. Er war ja sonst gewohnt, die Frau Mutter zu überraschen, und im Schlosse bey uns zu logieren; warum will er denn itzt beym Steinseiler im Wirthshause absteigen?

(Nußberg. und Cammer. treten ins Zimmer.)

Ludmille. Meine Söhne, Berthold und Albert, dieß werden sie ja nicht zugeben, daß der Herzog das Schloß umritte, und im Wirthshause abstiege. Es wäre ein Schimpf für mich, wenn meine Söhne das angehen liessen. Er kann noch euer Stiefvater werden. Holla! geschwind macht euch auf, setzet euch zu Pferde, reitet dem Herzoge mit

mit

der Staffette entgegen, empfanget ihn ehrerbietig, und begleitet ihn bis ans Schloß, und führet ihn entweder zu mir in mein, oder, wie es ihm selbst gefällt, in die für ihn jederzeit zubereiten Gastzimmer. — Nußberger, sitze er auch auf, und reite er mit. Der Herzog wird über Reibersdorf und Oberalteich herkommen.

Berth. und Albert. Wir küssen Jhro Gnaden, Frau Mutter, die Hand, und eilen den Herzog entgegen. (Beyde gehen ab.)

Ludmille. Erfüllet den Willen eurer Mutter, so habt ihr Glück und segen. — Und du, Hedwig, mache dem Herzoge ein recht ehrfuchtvolles Compliment, und küsse ihm die Hand. Ich will ernstlich, der Herzog soll weder von mir, noch von meinen Kindern, wegen seiner langen Abwesenheit, die mindeste Ahndung erfahren, es schlage diese Visite aus, wie sie wolle.

Hedwig. Jhro Gnaden, Frau Mutter, ich werde Dero Befehl pünktlich vollziehen. Ich freue mich schon auf seine Ankunft, er hat mich ohnedem recht lieb, er hat oft zu mir gesagt: er liebe mich so sehr, als wenn er mein Vater wäre, und wenn ich auf meinem Vorhaben verharren würde, eine Nonne zu werden, so wolle er gleich der Abtissin zu Geisenfeld befehlen, daß sie mich vor allen andern ins Kloster aufnehme.

Conrad. Haben Sie denn, meine gnädige Fräulein, eine so grosse Neigung zum Klosterleben? Sie sind jung, schön, artig und wohlerzogen, Sie könnten auch einen Mann in der Welt glücklich machen, und mit ihm zu noch höhern Ehren gelangen.

Hedwig. Dies Compliment ist gar artig gegen eine Fräule, die ins Kloster gehen will, ich suche nichts in der Welt, weder einen Liebhaber, noch Ehren und Reichthümer. Der einzige Gegenstand meiner Liebe ist der himmlische Bräutigam. — Und

F Sie

Sie haben Ihnen auch selbst eine geistliche Braut erwählet.

Conrad. Dieß ist geistreich, recht geistreich gesprochen. — Ich habe mir auch selbsten keine andere, als eine geistliche Braut erwählet, es ist wahr, ich hatte mich dazu beschaffen gefunden, allein, ist die weltliche Liebe deßwegen so verwerflich? die eheliche Liebe ist auch heilig.

Hedwig. Mein Beichtvater findet mich auch für das Klosterleben beschaffen. Für andere Leute, deren Beruf ist, in der Welt zu bleiben, soll freylich die eheliche Liebe auch heilig seyn. Uebrigens sagt mein Beichtvater, der Ehestand, wenn man ihn mit den Augen der heutigen Welt ansiehet, sey sehr gefährlich für Seele und Leib.

Ludmille. Meine Tochter hält alles auf ihrem Beichtvater, er ist auch in der That ein lieber alter Mann, geistreich, jedoch kein Bigot. Er ist öfters hier im Schloß, und weil er sich in gar nichts mischet, so können wir alle ihn hier gern gedulden. Er ist ein Weltpriester. Mein Herr seliger gab ihm, nach seiner Rückkunft von Apulien, die Pfarre zu Lichtenwerd.

Luitpold. Der Beichtvater hat recht. — Wenn wir den Ehestand nach den heutigen verdammlichen Mißbrauch, den man bey der geheiligsten Sache von der Welt einreissen läßt, reifer betrachten, so ist er ein Netz, darin man die Einfältigen bestricket, eine Fußangel des Eigennutzes, eine Decke aller Unordnung, und ein Contrakt viele unächte Pflanzen an Kindesstatt anzunehmen.

Ludmille. Von mir aus hat die Hedwig ihre vollkommene Freyheit ins Kloster zu gehen, oder in der Welt zu bleiben. Sie schauet mir lieber hinein, als heraus. Der Ehestand ist auch ein heiliger Stand, wenn er heilig gehalten wird.

Conrad. Nach den Grundsätzen unserer Religion ist der Ehestand ein geheiligtes Band, so nach

der.

der ewigen Vereinigung, welche zwischen Gott und seiner Kirche obwaltet, eingerichtet worden ist. Siehet man aber den Ehestand nach den weltlichen Gesetzen an, so ist er unter allen der feyerlichste, und festeste Contrakt, durch welchen eine unauflösliche Gesellschaft, so ihre ganze Lebenszeit beständig fortdauern muß, zwischen zwey Personen, beyderley Geschlechts, gestiftet wird, welche sonst von aller andern Verbindlichkeit frey seyn sollen.

Luitpold. Wird der Ehestand endlich auch mit einem politischen und moralischen Auge betrachtet, so ist derselbe ein zwischen zweyen Personen von ungleichem Geschlecht getroffener gegenseitiger Beystand, um sich zusammen in die Gemeinschaft ihrer Güter einzulassen, und in allen zustossenden Widerwärtigkeiten einander zu trösten und zu helfen.

Hedwig. Diese verschiedene Beschreibung des Ehestandes gehört gewiß nicht für mich, sondern für Ihro Gnaden, Frau Mutter, weil der Herzog wieder kommt.

Conrad. Ihro Gnaden, Frau Mutter, hat dies alles und noch mehr zuvor schon gewußt, bey ihrer ersten Vermählung; aber die gnädige Fräulein muß es auch in der Theorie wissen, damit Sie nicht nach ihrem Eintritt ins Kloster mißvergnügt lebe, aus Ursache, weil Sie zuvor niemalen etwas vom Ehestand gehört hat. Da wäre aber die Reue zu spät, wie wir leider dergleichen Klagen öfter hören müssen; als uns lieb ist.

Ludmille. Ihro Hochwürden beliebten meine Tochter artig zu unterhalten. Ich bedaure, daß wir abbrechen müssen. Sie wissen, was für ein hoher Gast zu mir kommt; ich und meine Tochter müssen uns demnach zum Empfange bereit machen, und uns umkleiden. Der Herzog ist ein lustiger, munterer Kopf, er siehet alles, und kritisirt auch alles, was unanständig ist.

Conrad. Ich gebe vollkommenen Beyfall; der Herzog scherzet gern mit Frauenzimmer, und er macht mirs auch selbst nicht anders, wenn er mich von weiten siehet, so schreyt er gleich auf mich: Holla! Herr Pfarrer von Regensburg! wie stehet es mit uns beyden?

Ludmille. Ihro Hochwürden wären schon ein rechter Pfarrer; eine solche Pfarre wünschte ich meinem Sohn Luitpold auch mit der Zeit.

Luitpold. Ihro Gnaden, Frau Mutter, unter dieser Benennung stecket ein Geheimniß, welches durch die Historie erläutert werden muß.

Conrad. Herr Probst, hier irren Sie sich nicht. Ich will es gleich erklären: der heil. Bonifaz war es, der mit Genehmhaltung des baierischen Herzogs Otilo, Baiern in vier Bißthümer, als nehmlich, Salzburg, Freising, Regensburg und Passau eintheilte, und jedem Bischofe seinen Kirchensprengel bestimmte. Dieß erhellet aus dem Briefe, den der Pabst Gregorius III. an Bonifaz im 740sten Jahre schrieb, wo er diese vier Bißthümer Parochias nennet. Parochia aber heisset heut zu Tage kein Bißthum, sondern eine Pfarre.

Ludmille. Es ist wirklich etwas schönes um die gelehrten Leute, sie wissen den Ursprung der ältesten und dunkelsten Sachen aus lateinischen Quellen aufs deutlichste herzustellen. — Aber itzt muß ich ein = für allemal abbitten, die Zeit würde mir sonst zu kurz werden.

Conrad. Ihro Gnaden, Frau Gräfin, haben zu befehlen.

Ludmille. Hedwig, komm mit mir, du mußt dich auch in Galla kleiden lassen. Wir beyde nehmen Urlaub aufs balb Wiedersehen.
(beyde machen eine Verbeugung und gehen ab.)

Luitpold. Ich empfehle mich, Ihro Gnaden, Frau Mutter. — Hedwig, wir sehen uns bald wieder. Jetzt bleibt mir just noch die Zeit

zum

zum Brevier ausbetten, ich habe noch einen guten Theil übrig.

Conrad. Ich ingleichen, wir wollen mit einander beten, so werden wir desto eher fertig damit.

Luitpold. Wie Sie befehlen, ich gehe zu ihnen aufs Zimmer; denn wenn der Herzog kommt, so ist gar nicht mehr zu beten. Die erste Nacht nach seiner Ankunft hieher, gehet er niemals ins Bette, er muntert uns alle im Schlosse auf, daß uns aller Schlaf vergeht. Sie belieben nur voraus zu gehen.

(beyde gehen ab.)

Vierter Aufzug.

Das Gastzimmer verändert sich in das Kabinet der Ludmille, man sieht eine aufgestellte Toilette in demselben, auf einer Seite ein Tisch, worauf ein Buch liegt, auf der andern das Kanapee, auf welchem Ludmille in Gallakleidern sitzt.

Erster Auftritt.
Ludmille allein.

Alle Anstalten sind getroffen, den Herzog nach Gebühr zu empfangen, nichts gehet ab, was seinem Aufenthalt hier angenehm machen kann, — und ahndet mir doch, weiß nicht was, es gehet doch nichts ab? — Ich besinne mich hin und her, es fällt mir nichts mehr ein, ich will diese Ahndung ausschlagen, der Herzog ist schon öfters da gewesen, er weiß schon, wie es in Bogen zugeht. — Lieb wäre es mir nicht, wenn was fehlte. — Wie freue ich mich auf die Ankunft des Herzogs! ich habe ihn schon Jahr und Tag nicht mehr gesehen. — Wir

Wie liebreich wird er mich umarmen? wie zärtlich will ich ihn empfangen! — Wie freudenvoll wird unser gegenseitiger Anblick nach so langer Zeit seyn? Ich sehe ihn schon in Gedenken vor mir. O wonnevolle Freude, die sich schon itzt in alle meine Glieder ergiesset. (Sie stehet auf, und schauet dessen Porträt an.) Doch, wie warm wird mir! ich fühle Aengstlichkeit in meiner Brust. — Noch immer ahndet mich etwas, ich weiß nicht was, ist es Furcht, dem Herzoge in etwas zu mißfallen, oder eine eitle Vorspieglung meiner Sehnsucht nach ihm? — Himmel! erleuchte meinen Sinn, damit ich erkenne, worinn ich meinem Herzoge mißfallen könnte. — Was begehrt der Herzog von mir? — Vielleicht daß ich ihn von der Verbindlichkeit des Eheversprechens völlig entlassen solle? Vielleicht hat er unter dieser Zeit eine würdigere, gefälligere und ihm mehr anständige Braut gefunden? — Wie ein Blitz schlägt mich dieser Gedanke zu Boden! — (Sie fällt aufs Kanapee zurück, und erholet sich wieder.) Nein! dieß verlangt er von mir nicht; mein Herz sagt mirs. Sein Brief, den ich hier in meinem Busen trage, ist mir Bürge dafür. Er hat hierinne nichts gefordert, er kommt selbst, mündlich will er mir sein Verlangen eröfnen, von Mund zu Mund will er reden. Holdseliger Mund, aus dem ich das Jawort empfangen, kannst du wohl dein Wort zurück nehmen? habe ich dir jemals Anlaß dazu gegeben? Hier stehe ich nun still. — — Ludmille, sey guten Muths, die Erfüllung des ehelichen Versprechens ist allem Anschein nach der Beweggrund, warum er den Brief geschrieben, warum er selbst hieher reiset, noch bey später Nacht hieher reiset. — — Grosser Gott! du hast das Feuer der Liebe in unsere Herzen gelegt, dir opfere ich meine Liebe, meine reine Liebe, so ich zum Herzog trage. Nimm dies unbefleckte Opfer meines Herzens in Gnaden auf, segne es. — O wie warm wird mir

schon

schon wieder, geschwind will ich einen Fensterflügel
aufmachen, um freye Luft schöpfen zu können. (Sie
stehet auf, eröffnet das Fenster, und erblicket
ihren Kanarienvogel im Kefig.) O! kleines,
gutes Thierchen! du bist ein Vorbild meiner künftigen Standesveränderung. Alle in der Freyheit
herumfliegende Vögel beneiden dich um deinen Zu-
stand; die Einbildung blendet sie, daß du der glück-
seligste Vogel auf Erden seyst; du hast dein Futter,
dein Wasser, deinen Zucker, ein schönes wohlge-
machtes und vergoldetes Haus, alle tragen ein Verlangen, hineinzuhüpfen; allein, kaum wäre einer
oder der andere darinnen, kaum hätte er die erste
Mahlzeit zu sich genommen, so würde er wieder
heraus wollen, und nach seiner Freyheit trachten,
inzwischen müßte er wider seinen Willen darinne
verbleiben, wie du, das Schlaggitter, wodurch er
hineingewischet, versperrte ihm den Ausgang. Man
dürfte dir selbst das Thürlein nicht offen lassen,
gleich würdest du davon fliegen, und deine neue
Freyheit mit dein Kefig, so schön er auch ist, nimmer vertauschen. — Vielleicht denkt der Herzog
auch also, vielleicht ist der Ehestand in seinen Augen
ein solcher Kefig; allein, die ewige Vorsicht hat
dem Menschen die Unlust, welche das Band der
Ehe begleitet, verborgen, ehe man sich verbindet.
Die Natur stellet dem Menschen die Ehe nur von
der schönen Seite vor. Der Stachel der Begierde,
nebst dem Verlangen, welches die Eltern reitzet
Kinder zu erzeugen, und sie im beständigen Wohlstand zu wissen, verblendet die Braut und den Bräutigam, daß sie das nicht sehen, was die Ehe auf der
andern Seite Unangenehmes an sich hat. — Doch,
es giebt glückliche und unglückliche Ehen. Der Herzog wird sich beym Heyrathen aber auch anderer
Leute Rath bedienen, und wenn diese mir ungünstig
seyn, so schildern sie ihm den Ehestand auf der
schlimmen Seite ab; oder sie bringen ihm von mir

F 4

eine

eine üble Idee bey. Ich schwebe nun zwischen Furcht und Liebe. Ach, welche Beklemmung fühle ich in meinem Herzen! Himmel, gieb mir Kräfte zu streiten, zwischen Liebe und Furcht, damit ich siege. Regiere das Herz des Herzogs, und bewahre es vor allen übeln Rathschlägen, und wenn ich eines solchen Gemahls unwürdig bin, o Gott! so schicke ihm eine würdigere, ich will auf solche Art gerne abstehen. Unterdessen vereinige ich die Liebe, so ich gegen den Herzog trage, mit jener Liebe, welche dich antrieb, das menschliche Geschlecht nach dem Ideal deiner göttlichen Liebe zu erschaffen. — Doch, ich will mich in etwas verstellen, und dem Herzoge gleich bey seinem Eintritte meine Liebe nicht im vollem Lichte sehen lassen. Gleichgültig will ich mich gegen ihm erweisen, gleichgültig im Reden, Blicken und Gebärden, — aber, das wird Mühe kosten! Unterdessen möchte ich weinen vor Freude.

Zweyter Auftritt.

Ludmille, Ludwig, Berthold, Albert, Hedwid, Nußberger.

Nußberger. (kömt in Stieffeln und Sporn) Ihro Gnaden Frau Gräfinn, der Herzog Ludwig aus Baiern ist schon hier.

Ludmille. Der Herzog selbst? — ist er schon hier? Geschwind führe man ihn zu mir. Ich lasse ihm vermelden, es wird mir eine Gnade seyn, wenn Ihro Durchlaucht mit mir sprechen wollen. — Oder warte er, ich will ihm entgegen gehen.

Nußberg. Ihro Gnaden, der Herzog ist schon vor der Thüre.

Ludm. Mache er die Thüre auf! geschwind! beyde Flügel.

Ludwig. (tritt ins Zimmer mit den übrigen) Schätzbareste Gräfinn! ich mache meine Aufwartung.

Ludmille.

Ludmille. Jhro Durchlaucht! es ist mir allezeit eine unschätzbare Gnade, einen so hohen und seltenen Gast in meinem Schlosse zu bewirthen. Es wäre meine Schuldigkeit gewesen, Eu. Durchlaucht entgegen zu gehen; allein ich glaubte nicht, daß Dero Ankunft so frühe erfolgen würde. Ich bitte unterdessen mit dem Geleite meiner zween Söhne vorlieb zu nehmen. Sie werden die Stelle ihrer Mutter vertreten haben.

Ludwig. Ich bin damit zufrieden. — Aber, Sie werden doch nicht ungehalten seyn, daß ich meine Visite so lang verschoben habe? es hat sich eher nicht recht geschicket.

Ludmille. Keineswegs. Ein Herzog, der vor wenigen Jahren erst die Regierung angetreten, ist fast immer mit soviel Staatseinrichtungen beschäftiget, daß er Privatbesuche weder allezeit abstatten, noch annehmen könne, ohne seinen Staatsangelegenheiten Abbruch zu thun.

Ludwig. Es ist wahr, die Würde eines Herzogs ist mit so vielen und schweren Geschäften verknüpfet, daß er seiner eignen Person, und seinen eignen Hausgeschäften wenig Zeit widmen kann. — Gränzstreittigkeiten mit den benachbarten Staaten, Reichshändel mit verschiedenen Reichsständen, mit dem Kaiser, ja selbst Ausgleichungen in Kirchensachen mit dem Pabste und den Bischöfen, nehmen sehr viele Zeit weg. Nun kommt die innerliche Staatsverbesserung auch dazu; Justiz=Verwaltung, Polizey=Verordnung, ja selbst für die Bevölkerung des Landes muß der Landesherr denken und arbeiten. Sie lächeln, theuerste Gräfinn, ist es anders? — Was für Zeit kann mir übrig bleiben, auf meine Privatangelegenheiten zu denken?

Ludmille. Ich bitte um Vergebung. Ein Herr und Regent, wie Jhro Durchlaucht, der sich seine theuersten Pflichten so sehr angelegen seyn läßt, bedarf keiner Entschuldigung, gar keiner Entschuldigung,

gung, wenn er sich bey einem so weit entlegenen Frauenzimmer, wie ich bin, nicht so oft sehen läßt, als selbige wohl wünschte. Ich bin schon höchstens vergnügt, wenn nur Jhro Durchlaucht während Dero langen Abwesenheit sich in besten Wohlseyn, wie ich nicht zweifle, befunden haben.

Ludwig. Wie konnte ich mich, liebste Gräfinn, vergnügt und wohl befunden haben, da ich allein war, und jene Geliebte nicht zur Seite hatte, ohne welche mir auch der Genuß der größten Ergötzlichkeiten widerstehen mußte?

Ludmille. Wo haben Sie dann Dero Geliebte gelassen, über derer Abwesenheit Sie sich so sehr beklagen? — Zu Leonberg, oder anders wo?

Ludwig. Gräfinn, beliebt es Jhnen zu scherzen? Sind Sie nicht meine Geliebte? Haben Sie nicht mein theures Ehewort in Jhren Handen? und hab ich nicht im Gegentheil Jhr Jawort? Sind Jhnen die drey Ritter, als annoch lebendige Zeugen unbekannt? Oder habe ich mich, durch mein langes Ausbleiben Jhrer Gegenliebe unwürdig gemacht? Lieben Sie mich nicht mehr? reden Sie.

Ludmille. Meine Zunge starrt. — Ich weiß nicht, was ich antworten soll.

Ludwig. Wie? Sie wissen nicht, was Sie antworten sollen? — Sehen Sie mich hier vor Jhren Füssen; Verzeihen Sie mir, liebste, beste Gräfinn! ich bin bereit meinen Fehler wieder gut zu machen. Versagen Sie mir Jhre Liebe nicht; ich habe genug gelitten. Verdoppeln Sie mein Unglück nicht; sagen Sie mir, daß Sie mich noch lieben; oder fürchten Sie, ich liebe Sie nicht mehr?   (Sedwig weinet)

Ludmille. Ja, das fürchte ich. Herzog stehens auf, ich kann Sie in dieser Stellung nicht sehen. Ach! ach!

Ludwig. Nicht eher, bis Sie sagen, daß Sie mich noch lieben; mich allein, als Jhren Bräutigam lieben. (er faßt ihre Hand)   Lud=

Ludmille. Ja, ich liebe Sie, und Sie ganz allein. Stehens auf. — Furcht und Liebe zwangen mich mit jeder Fiber zu kämpfen. Ach! ich kann nicht mehr reden. Herzog, lieben Sie mich? — Stimme und Sinne sind dahin. Ach! ach! (sie wird ohnmächtig, beyde Söhne halten sie)

Berth. Ihre Durchlaucht, helfen Sie uns, die Frau Mutter fällt in Ohnmacht.

(der Herzog eilet sie zu halten.)

Ludwig. Gräfin Ludmille, hören Sie mich an: ich liebe Sie ganz allein, nur Sie sind meine Braut. Leben Sie für mich —

Albert. Laßt uns die Frau Mutter aufs Kanapee bringen.

Hedwig. (weinend) Frau Mutter, der Herzog liebt sie ja, liebt sie ganz allein.

Ludmille. Ach! wer redet mit mir?

Hedwig. Ich, die Hedwig. Der Herzog liebt Sie ganz allein, der Herzog hat Ihnen und mir gar viele, und gar schöne Präsente mitgebracht. — Ihro Gnaden, Frau Mutter, sehen Sie mich einmal an.

Ludmille. Wo bist du, Hedwig? ich höre deine Stimme, und sehe dich nicht.

Hedwig. Hier bey der Frau Mutter bin ich, ich küsse Ihnen die Hand. Der Herzog liebt Sie ganz allein; er hat für Sie und für mich gar schöne und kostbare Geschenke mitgebracht. Sehen Sie mich nur einmal recht an.

Ludmille. Wo ist mein Herzog Ludwig, mein Geliebter, mein einzig Geliebter.

Ludwig. Hier bin ich, Frau Gräfin, geliebteste Braut, hier bin ich, und küsse Ihnen die Hände. Sie sind meine einzige Geliebte.

Ludmille. Gott sey Dank, ich sehe Sie wieder, — meinen Herzog!

Ludwig. Ja, Geliebte, Dein Herzog, Dein Bräutigam bin ich.

Ludmille. O! des Lebenswonne! wie hat sie sich durch diesen seligen Blick wieder in mein Herz ergossen? welch ein Erwachen!

Ludwig. Erlauben Sie, liebste Braut, den Verlobungskuß auf Ihre glüende Wangen, zum Siegel unserer unveränderlichen Treue zu drücken.

Ludmille. Kommen Sie, liebster Bräutigam, lassen Sie uns umarmen. — Ihr theuerstes Wort, daß Sie mein Bräutigam sind, daß sie mich noch lieben, hat plötzlich mein Herz mit einer so schnellen und heftigen Freude überschwemmet, daß es bald mein Leben gekostet hätte. Doch itzt ist es wieder etwas besser.

Berth. Allzuschnelle und heftige Freude, hat nach physischen Ursachen eben jene Würkung, welche ein schneller Schrecken nach sich zu ziehen pfleget.

Albert. Gott Lob, daß sich die Frau Mutter wieder erholet hat.

Hedwig. Wollen Ihro Durchlaucht nicht die Küsten mit Präsenten heraustragen lassen, um der Frau Mutter damit eine Diversion zu machen?

Ludwig. Ja, artiges Kind, alsobald sollen dieselbe hieher gebracht werden.

Berth. Nußberger, gehe er geschwind fort, und mache er, daß beyde Küsten alsogleich hieher getragen werden. (Nußberger geht.)

Ludmille. Was höre ich von Präsenten sprechen?

Berth. Der Herzog hat für die Frau Mutter kostbare Präsente mitgebracht, die Hedwig bekomt auch eine schöne Portion.

Albert. Und wir beyde Brüder haben unsern Antheil bereits schon empfangen; Berthold empfieng aus der Hand des Herzogs einen wunderschönen Engländer, und ich einen auserlesenen Wallachen. Ein jeder erhielt sein Pferd mit Sattel und Zeug, der überaus prächtig und kostbar ist, beyde sind schon im Stalle.

Lud=

Ludmille. Also habt ihr gut reiten gehabt, wie wollt ihr solche Gnade verdienen? An dem Herzog habt ihr einen andern Vater.

Berth. Wir werden uns stets beeifern, mit unserer unverbrüchlichen Treue es zu verdienen.

Ludmille. Ich und meine Kinder haben es nicht verdient. Dies sind ausserordentliche Zeichen Ihrer Großmuth.

Ludwig. Frau Gräfin, hievon ist nicht zu reden, es wird sich schon Gelegenheit finden, daß ich meine wahre Freundschaft den Grafen von Bogen besser und nachdrücklicher zu erkennen geben könne.

Dritter Auftritt.

Man bringt die zwey Küsten, die Waaren werden ausgepacket, und auf den Tisch geleget. Zenger, Eckmüller, Cammerauer, Nußberger, helfen auspacken, wie auch Raponi. Ludmille und die Vorigen, sammt den Neuangekommenen.

Ludmille. Was sehe ich? was soll dies seyn?

Ludwig. Liebste Gräfin, es sind geringe Merkmale meiner Erkenntlichkeit, daß Sie in der Liebe gegen mich so standhaft geblieben sind.

Ludmille. Waren dann Euer Durchlaucht von meiner Standhaftigkeit dazumal versichert, als Sie dieselben einkauften? Sie haben eine so erhabene Denkungsart von dem weiblichen Geschlechte, die viele tausend Männer nicht haben.

Ludwig. Mißtrauisch war ich gegen Sie nicht, und obschon alle Gattungen von Unruhen und Widerwärtigkeiten, wegen Ihrer Abwesenheit, auf mich fielen, so plagte mich doch keine Eifersucht. Das gute Vertrauen, so ich in Ihre Tugend setzte, schloß auch den Schatten eines Mißtrauens aus.

Hütte

Hütet sich ein Frauenzimmer nicht selbst, so ist alle Vorsorge der Männer umsonst.

Ludmille. Es ist ein grosses Uebel um die Eifersucht. Ich kenne einen Beamten in unserer Grafschaft, der mit der Eifersucht geplagt ist; alles, auch sogar sein eigner Schatten, erwecket bey ihm eine Eifersucht. Vier mit acht grossen Schlössern wohlverwahrte Thüren können seine Unruhe nicht verhindern. Seine wohlvermachte Fenster sind ihm annoch verdächtig, und die mit eisernen Thüren beschlagene Schorsteine scheinen ihm nicht sicher genug. Ja, in dem Augenblicke, da er seine Frau in den Armen hat, befürchtet er, sie möchte ihm entwischen. Die Marter, die er sich selbst anthut, raubet beyden alle Ruhe, seine kranke Einbildung benimmt nicht nur seinem Körper die Gesundheit, sondern bringet ihn auch in die grösten Verdrüßlichkeiten und Ausschweifungen.

Ludwig. Von diesem Uebel bin ich frey. — Es ist fast nicht möglich, daß die Geduld einer Frau so viel Bestürmungen aushalten könne. — Wer seine Frau wahrhaft liebt, der plaget sie mit solchen Unruhen nicht.

Ludmille. Die Plage der Frauen ist mit der Plage der Herren dergestalt verbunden, daß eine ohne die andere nicht zu seyn pfleget. Aber, welche Frau findet gleich wieder so viel Vernunft bey ihrem Herrn, als ich bey meinem Herzog Ludwig?

Ludwig. Ich danke für dies Compliment, kann ich wohl solche Lobsprüche von einer Dame annehmen, welcher nicht wenige wankende Schritte, so ich in gegenwärtigem Liebesgeschäfte gemacht, bekannt seyn müssen? — (der Herzog führet sie unterm Arm zum Tisch, wo die Geschenke sind.) Empfangen Sie jetzt aus meiner Hand, was ich für Sie bestimmt habe. (er überreicht ihr einen Haupt= und Halsschmuck von Brillanten und Perlen, sammt andern Pretiosen) Wie gefallen

len Ihnen diese Haarbänder? es sind holländische; ich habe sie mit den niederländischen Tapeten, die dort liegen, hieher kommen lassen.

Ludmille. Alles ist schön, kostbar.

Ludwig. Hier ist noch ein Stück Drapd'or, und ein Stück Drapd'argent zu Schlender. Hab ich Ihren Gusto getroffen?

Ludmille. Vortrefflich. Ihro Durchlaucht, haben ja einen Jubelier und Kaufmann ausgekaufet. Ich weiß nicht was ich zuerst ansehen soll. Ihro Durchlaucht, der Bischof Conrad von Regensburg ist hier, erlauben Sie, daß er diese kostbaren Geschenke mit ansehen darf.

Ludwig. Ich weiß, daß der Bischof hier ist, um die neue Kirche sammt den Glocken im Markte einzuweihen. Es wird mir lieb seyn, ihn zu sehen.

Ludmille. Nußberger, vermelde er dem Bischof mein Compliment, und sage er ihm, daß der Herzog hier sey, und wenn er etwas ausserordentliches Schönes sehen will, so soll er nur gleich mit ihm hieher kommen.

Nußberger. Ich vollziehe Dero Befehl.

Ludwig. Hier haben Sie auch ein Bettbuch, und einige Lesebücher zur Unterhaltung, wenn mich Geschäfte von Ihnen entfernen.

Ludmille. Ich küsse Ihnen die Hand. Für alles dieses will ich gehorsam und gefällig seyn.

Ludwig. Gegenseitige Gefälligkeit der Ehegatten macht das Leben angenehm. Die Vorsehung hat die Frau zu des Mannes Gehülfinn bestimmt; eine Gehülfinn aber, soll weder stolz, vermessen, leichtsinnig, eigensinnig oder unfreundlich seyn; sonst wird der Endzweck der Ehe verfehlt. Sollte aber eine Frau nicht mißvergnügt und launisch werden, wenn sie nicht siehet, daß ihr Geliebter sie ehret und beschenket.

Ludmille. Beßter Ludwig! — Ich muß gestehen; daß üble Laune dem weiblichen Geschlecht eigen

eigen ist. Aber ein artiger vernünftiger Ehegatte weiß diese weibliche Schwachheit durch Freygebigkeit zu verbannen. Eine Frau müßte nichts menschliches an sich haben, wenn sie einen so zärtlichen und galanten Mann hätte, wie ich an Jhro Durchlaucht einen Liebhaber habe, wenn sie ihn betrüben wollte.

Ludwig. Verstellen Sie nicht? Nein, ich kenne Sie schon lange, ich bin überzeugt, daß Demuth, Treue, Willfährigkeit und Freundlichkeit Ihnen eigne Tugenden sind.

Ludmille. (macht eine Verbeugung) Wenn Jhro Durchlaucht mit meiner bisherigen Aufführung zufrieden sind, so schätze ich mich glücklich. Ich habe demohngeachtet die Ehre Sie zu versichern, daß ich immer mehr und mehr, mich nach Dero Humor zu bilden, trachten werde. — Ich habe mir auch schon die Freyheit genommen über Dero Gemüthscharakter nachzudenken, und gefunden, daß ich mir keinen bessern Gemahl wünschen wollte. Das Böse, das die meisten Weibspersonen an sich haben, ist: daß sie über ihre Pflichten und wahren Eigenschaften des Ehestandes nicht genug nachdenken; indem sie überlegen sollten, daß sie sich dessentwegen mit einem Manne verbinden, damit sie die Saule seines Hauses, ja als die Hälfte seiner selbst, verpflichtet seyn, die häuslichen Geschäften und Sorgen mit demselben zu theilen, und ihn in jeder Noth zu trösten. Allein der Modegrundsatz, daß ein mit vielen Geschäften beladener Ehegatte ihnen die Pforte der Freyheit und Herrschaft eröffnen soll, daß sie sich einen Leibeigen zur Seite legen dürfen, der stäts arbeiten soll, um ihnen alles nöthige zu ihrer Bequemlichkeit und Ueppigkeit anzuschaffen, oder ihren Geitz und Stolz zu sättigen; dieses macht sie gegen die Männer stumpf und unempfindlich, und läßt sie auf keine Gefälligkeiten gegen denselben denken, als welche die Grundsteine des Hausfriedens und der Einigkeit sind.

Lud=

Ludwig. Ich wünschte, daß alle Frauenzimmer diese Sittenrede gehört hätten. Sehen Sie, meine Geliebte, dort in der andern Küste, wird gefärbter Schmuck, sammt einigen Rosetten und Rauthen seyn, dies habe ich der Fräule Hedwig zugedacht.

Ludm. Liebster Herzog, Sie zeigen jetzt schon den Vater gegen meine Tochter. Hedwig du wirst zu danken wissen.

Hedwig. Ihro Durchlaucht, ich küsse Ihnen in tiefster Ehrfurcht die Hand, und empfehle mich als ein gehorsames Kind in Dero Gnade.

Ludwig. Sie soll an mir keinen Stiefvater haben, sondern einen solchen, der dem wahren an Liebe gegen Sie nichts nachgiebt.

Hedwig. Demüthigsten Dank, Ihro Durchlaucht, vor so große Gewogenheit.

Vierter Auftritt.
Conrad, und die Vorigen.

Conrad. Gehorsamster Diener, Ihro Durchlaucht, es ist mir eine sonderbare Gnade, höchstdenenselben hier meine unterthänigste Aufwartung machen zu können, und zwar in Gegenwart höchstdero künftigen Frau Gemahlinn. Man hat mir gesagt, ich soll hieher kommen, wenn ich was außerordentliches Schönes sehen will.

Ludwig. Ha, ha, ha! Herr Pfarrer, merken Sie etwas? Willkommen, Herr Pfarrer, es ist mir ein Vergnügen Sie hier zu sehen.

Ludmille. Ihro Hochwürden, Herr Bischof, dort sehen Sie hin, was alles von der Freygebigkeit des Herzogs herfliesset.

Conrad. (gehet zum Tische.) Ich sehe allzuvieles auf einmal; erstaunen muß ich über das Feuer der Brillanten; der Schimmer der glänzenden Geschenke blendet meine Augen.

Hed-

Hedwig. Haben Ihro Hochwürden jemals einen solchen Ueberfluß an Diamanten gesehen? alles dies gefärbte Geschmuck gehört mein. — Der Herzog hat mirs geschenket; und die weißen Jubelen gehören meiner Frau Mutter. Mein Herr Vater seliger hat mir niemals so kostbare Geschenke gemacht.

Conrad. Ihro Durchlaucht werden bald Ihr zweyter Herr Vater seyn.

Hedwig. Ich wünschte, daß es bald geschehe. — Frau Mutter, wird der Herzog bald mein Vater?

Ludmille. Sey stille, und stehe ehrerbietig da. — Herr Bischoff, wie gefällt es Ihnen?

Conrad. Ueberaus wohl, Frau Gräfinn! so viele Kostbarkeiten habe ich noch nie auf einmal gesehen. — Mein altes Auge kann den Glanz, Feuer und Blitz der geschnittenen Diamanten nicht mehr recht ertragen. (er geht vom Tische zurück.)

Ludmille. Sind diese nicht rechte Feuersteine?

Conrad. In der That sie sind solche Steine, womit man das Liebesfeuer schlägt. Ey, ey, ey! wer solche Geschenke bringt, dem muß freylich die Herzensthüre aufgehen.

Ludwig. Ich glaube, die Bischöfe würdens auch an solchen Feuersteinen nicht ermangeln lassen, wenn ihnen erlaubt wäre, den Stachel ihrer Begierde mit einer Frau Bischöfen zu befriedigen.

Ludmille. So recht, Ihro Durchlaucht, man muß dem Bischof auch hinaus geben.

Conrad. Ich kann diese Art der Befriedigung entbehren.

Ludmille. Wenn schon die alten Bischöfe einer solchen Hülfe entbehren können, so bedürften es doch manche junge, welche die Bischofsmütze eben darum allzu hart drucket, weil sie Menschen sind, wie wir Weltleute.

Conrad. Das Verlangen, seines Gleichen hervorzubringen, ist eine Eigenschaft, die allen Thieren angebohren ist, folglich auch jedem Menschen,

es

es wäre denn, daß er kaltblütig, bresthaft, oder verheilt wäre. Allein, die Vernunft legt den menschlichen Begierden einen Zaum an, nemlich den Ehestand bey den Verheyratheten, und die Gabe der Zucht, oder die Enthaltung bey ledigen Personen, und folglich auch bey Geistlichen.

Ludwig. Es wäre zu wünschen, daß alle von der Gabe der Zucht vollkommen Gebrauch machten.

Conrad. Wenn schon nicht alle von der Schönheit der Enthaltsamkeit gerühret, züchtigen Lebenswandel führen, so müssen sie doch den kräftigen Endschluß haben, das Fleisch dem Geiste zu unterwerfen; dann denen Kandidaten, die die höhere Weihen suchen, und zwar bey einem solchen Alter suchen, wo der Stachel der Begierden seine Würkung am heftigsten äussert, stehet allerdings zu, genau zu überlegen, und zu untersuchen, ob sie stark genug sind, diesem obgedachten Endschlusse, den sie fassen müssen, bis an das Ende ihres Lebens nachzukommen. Es giebt freylich einige wichtige Ursachen, der Geistlichkeit die Zulassung des Ehestandes gemeinschaftlich zu machen; allein, bisher haben weit wichtigere durch einen widrigen Schluß derselben den Ehestand entzogen.

Ludwig. Wie legt denn die Vernunft den Begierden dem weltlichen Menschen einen Zaum durch den Ehestand an?

Ludmille. Dieser Zaum gehört für uns zwey.

Conrad. Dies ist gar leicht zu begreifen. Das angebohrne Verlangen, seines Gleichen hervor zu bringen, ist sowohl bey männlichen als weiblichen Geschlechte unaufhörlich bemühet, zu seinem Endzweck zu gelangen. Das Gesetz der Vernunft setzet zwar Maas und Ziel. Allein, das Gesetz der Vernunft ist nicht allzeit kräftig genug, das Gesetz des Fleisches, welches sich ohne Unterlaß dawider sperret, zu unterdrücken. Hieraus erhellet die Nothwendigkeit, ein zuläßliches Mittel zu ergreifen, diesem sein unaufhörlichen Verlangen ein Genüge zu thun, ohne der Tugend hierunter einen Eintrag zu machen. Dies Mittel ist der Ehestand, in welchem man aus demjenigen eine Schuldigkeit machet, mit welchem man ausser demselben jemanden beleidigen würde.

Ludwig. Fliesset wohl hieraus zugleich, daß ein Mann mit einem einzigen Weibe, und ein Weib mit einem einzigen Manne nach den christlichen Gesetzen, und zwar bis in Tod zufrieden seyn solle, daß wir leben sollen wie die Tauben und Turteltauben, nicht wie die Türken, die mehr Weiber zugleich haben?

Ludmille. Oder ist etwan die Vermischung der Kinder, welcher man durch Einführung des Ehestandes abhelfen wollte, die Ursache, daß die Vielweiberey sowohl, als die Vielmännerey verboten ist.

Conrad. Die Vielweiberey war in dem jüdischen Gesetze geduldet, weil es auf die Nothwendigkeit, den Saamen Abrahams zu vermehren, sein Absehen hatte. Allein, im mahometanischen Gesetze hat solches die Fleischeslust und Unmäßigkeit angeordnet. Jedoch muß man glauben, daß alles, was Christus angeordnet, unendlich besser sey; indem uns Gott eine ganz andere Glückseligkeit, als wohl die Menschen unter einander ausfinden, vorgestecket hat. Er hat uns unter diesen unauflöslichen Knoten weit mehr Gelegenheit, als man jemals haben kann, zu Sammlung der Verdienste vorgelegt, um zu der Glückseligkeit des ewigen Lebens durch die äusserste Marter des Zeitlichen zu gelangen. Denn, gleichwie nur den Eheleuten der Zutritt zum Genusse der sinnlichen Freuden im höchsten Grade offen stehet, also soll demselben auch entsprechen eine Geduld im höchstend Grad im bittern Leiden.

Ludmille. Die Parallele zwischen der höchsten Freude und höchsten Marter ist gut gezogen.

Lud=

Ludwig. Die Theologen denken hoch und fein; die Staatisten hingegen bleiben in der niedern Sphäre ihrer sinnlichen Denkungsart.

Conrad. Gleichwie Gott unsere Religion allein vollkommen, und allein geschickt gemacht hat, alle Tugenden bis zu ihren höchsten Stuffen zu bringen; und gleichwie man keine mehr heldenmässige Tugend ausüben kann, als man bey einer durch das Eheband mit uns verknüpften Person der Verdruß, so groß er immer ist, und den Eckel, welchen eine lange Beywohnung und gegenseitige Erkenntniß der Fehler zu verursachen pflegen, mit Geduld überträgt, also liegt der Heldenmässigkeit unserer Religion ab, dergleichen unauflösliche Verknüpfung zu bestätigen, um einen Menschen zu einem weit höhern Grade der Verdienste zu bringen, und aufzumuntern.

Ludwig. Die Eheleute werden also angereizet, Helden und Heldinnen des Ehestandes zu werden.

Conrad. Ihro Durchlaucht, begreiffen meine Gedanken vollkommen. — Nun kommen wir auf das heil. Sakrament der Ehe. — Gleichwie die Unzertrennlichkeit der Ehe obbemelder massen ihren Ursprung von Gott hat, und wiederum zu einer gottgefälligen Heldentugend führet, also ist auch nothwendig, daß Gott den Eheleuten sonderbare Gnade verleihet, damit sie alles, was ein Gemüth zum Wunsch der Auflöslichkeit dieses Bandes verleiten könnte, heroisch besiegen können.

Ludwig. Dank sey Ihnen, Herr Pfarrer! ich sehe schon, daß, wenn Ihre untergeordnete Seelsorger den angehenden Eheleuten einen so gründlichen Unterricht geben, dero Pfarrkinder auch wohl unterwiesen, und folglich glücklich seyn werden. — Doch dieses Gespräch wollen wir für dermalen abbrechen. Es ist schon Mitternacht, und die Frau Gräfinn braucht Ruhe. —

Ludmille. Ihro Durchlaucht wird sie auch wohl bekommen, Sie werden müde von der Reise seyn.

Ludwig. Ganz recht. Noch eins, Gräfin! wann werde ich Sie, mit diesen sichtbaren Zeichen meiner Liebe geschmückt sehen. (auf die daliegende Geschenke deutend.)

Ludmille. (macht eine Verbeugung) Wenn es Ihro Durchlaucht befehlen, und ich Herzogin seyn werde; denn dieser prächtige Geschmuck stehet nur einer Herzogin, aber keiner Gräfin von Bogen wohl an.

Ludwig. Wenns bey mir stehet, so sollen Sie es morgen das erstemal tragen. Sie werden den Pracht des Schmuckes ungemein erhöhen.

Ludmille. Herzog, morgen! es ist ja schon Mitternacht vorbey.

Ludwig. Also sollen sie ihn heut noch tragen, sobald die Morgenröthe uns die Ankunft unsers fröhlichen Hochzeittages wird angekündiget haben. Ist es Ihnen recht, so schlagen Sie ein, und sagen: ja. — (er reicht ihr seine Hand.) Hier steht der Bischof, der soll uns noch Vormittags, nach dem Gebrauch der Kirche, einsegnen; — und ihr alle, die ihr hier gegenwärtig seyd, ihr sollt Zeugen seyn.

Ludmille. Ja, mir ists recht; hier ist meine Hand. (es geschiehet der Handschlag.)

Ludwig. Recht also, vor dem Altar wollen wir diese Worte wiederholen. Der Priester soll uns segnen, und Gott soll es hören.

Ludmille. Und wir wollen unser Gebet mit dem Gebete des Priesters vereinigen, und ihn um Gnade und Segen anflehen.

Ludwig. Jetzt begeben Sie sich zur Ruhe, damit Sie Morgen munter seyn.

Ludmille. Wohlan! Cammeraurer, bring er den Schmuck, so ich anlege, und auch jenes, so meine Hedwig tragen wird, in mein Schlafzimmer,

das

das Uebrige in die Schatzkammer, und gebe er acht, daß nichts davon verlegt, oder verzogen wird. Nußberger wird alle Anstalten unterdessen vorkehren zum bevorstehenden Hochzeitmal. (beyde gehen ab. Cammerauer kommt wieder, und läßt die Küsten durch die Leute hinwegtragen.) Bester Bräutigam, ich werde also ein wenig ruhen, darf ich meinem Herzog eine angenehme Ruhe wünschen? allein, ich zweifele, ob Sie zur Ruhe gehen.

Ludwig. Sorgen Sie für nichts, mein Herz ist dermal schon in Ruhe, und keine andere Ruhe suche ich nicht. Ein süsser Schlaf drücke ihnen die Augen zu, und der Hochzeitgenius eröffne selbige zu rechter Zeit.

(Ludmille, Hedwig, Luitpold, Albert,
ziehen sich zurück, und gehen alle ab,
und machen, nebst einem dem Herzoge
gegebenen Handkusse, eine Verbeugung,
alle übrige neigen sich.)

Fünfter Auftritt.

**Ludwig, Berthold, Conrad, Zenger,
Eckmüller, erstere drey setzen sich.**

Ludwig. Wie gefällt Ihnen, Herr Pfarrer, meine Entschliessung? war es nicht wohl ausgedacht? Wir wollen niedersitzen.

Conrad. Bey einem andern Brautpaar würde es insgemein zu voreilig gewesen seyn, denn es stehet allezeit zum Voraus zu untersuchen, ob keine impedimenta juris naturae, divinis et humani vorhanden sind? daß aber zwischen Ihro Durchlaucht und der Gräfin Ludmille keines davon obwalte, ist man schon zum Voraus überzenget.

Berth. In impedimentis juris Canonici kann ja der Herr Bischof gleich selbst aus eigner bischöflichen

chen Gewalt in seinem Kirchsprengel dispensiren, und ein Impedimentum juris naturalis, oder divini, findet sich auch nicht vor.

Ludwig. Daß kein Impedimentum impotentiae bey der Frau Mutter anzutreffen sey, davon sind mein Graf Berthold und seine übrige Geschwister lebendige Zeugen. Von Seiten meiner Person darf man auch dessentwegen versichert seyn.

Conrad. Es ist gar kein Zweifel, daß diese so freye und ungezwungene Ehe mit einem Prinzen und Nachfolger in dem erblich verliehenen Herzogthume Baiern vom Himmel werde gesegnet werden.

Berth. Mein herzlicher Wunsch ist es, daß Dero Nachkommenschaft bey dem ungestörten Besitze des Baierlandes bis in das späteste Menschenalter unverrückt verbleiben, und mit einem Zuwachse von mehrern Ländern bereichert werden möchte.

Conrad. Und ich getraue mir es zu weissagen, daß die herzoglich Ludwigische Nachkommenschaft 600 und noch mehrere Jahre Beherrscher Baierns und von mehr andern Ländern, Stütze des deutschen römischen Reichs, Zierde und Glanz von ganz Europa seyn werden. Kaiserskrone wird auf ihren Häuptern ruhen, und der Christen Erzfeind, der Türke, wird vor ihren siegreichen Waffen fliehen. Die tugendhafte Lebensart der Ludmille, und die unschuldsvolle Blüthe des Herzogs legen mir diese Weissagung in den Mund.

Ludwig. Ich danke Ihnen, würdiger Bischof; ich wünsche von Herzen, daß Ihre Weissagung nach allen ihren Worten und Sylben wahr werde. Wir wollen unterdessen den Austheiler der Kronen und Scepter um die Vollziehung derselben bitten.

Eckmül. Wenn jedermann das Glück treffen, und die gute Frau finden könnte, die in den Sprüchen Salomons beschrieben wird, so wäre das Heyrathen etwas leichtes. Allein, diese Gattung der Weiber ist ganz ausgestorben. Sie sind insgemein
heuti=

hentiges Tags so beschaffen, daß man im allgemeinen und wahren Sprüchwort sagt: Heute gefreyet, morgen gereuet.

Zenger. Und was das ärgste dabey ist, so muß einer diesen Kauf bis in den Tod aushalten. Keiner darf Reugeld geben. Wer sich übel verheyrathet, empfindets in seinem ganzen Leben.

Ludwig. Meine liebe Minister! Eure Heyrathen müssen übel gerathen seyn; ihr klaget gar zu sehr darüber.

Berth. Die Herren Ministers haben ihnen vielleicht den dreyfachen Endzweck der Ehe nicht vorgestellt, oder ihre Frauen haben dieses unterlassen.

Zenger. Was ist dieser dreyfache Endzweck?

Berth. Wie Herr Bischof sagen, so ist der erste, um die Vermischung der Kinder zu meiden; der zweyte, um sich in Glück und Unglück eine gegenseitige Hülfe zuzulegen; und der dritte, um der natürlichen Unmässigkeit oder Geilheit beyderseits ein Gebiß einzulegen.

Eckmül. Der Ehestand bleibt doch ein Wehestand.

Conrad. Wofern ein Mann und Frau die drey angebrachte Ursachen des Ehestandes vorhin wohl bedacht haben, so wird die Frau dem Manne keine fremde Kinder einschieben; sie wird ihre Gedanken auf nichts anders richten, als wie sie ihm in seiner Arbeit Beystand, und in der Noth Trost leisten könne, und falls sie ihre Begierden in die Gränzen einer zuläßlichen Vergnüglichkeit einschränket, und stets nichts anders verlanget, als nur ihrem Manne zu gefallen, so wird sie nicht in strafbare Ausschweifungen gerathen, welche das verderbte Jahrhundert nicht anders, als ein Spiel ansieht, und welche so viel bekannte Ehescheidungen; nebst dem Untergange so vieler Familien zu befördern pflegen. — Auch die Ehemänner würden sich keiner despotischen Herrschaft über ihre Weiber anmassen, sondern Gefälligkeit

ligkeit mit Gefälligkeit zu erwiedern, sich befleißigen, und sodann würden wir auch nicht so häufige Klagen hören über die Einzelnheit der Ehegatten, und über die Unzertrennlichkeit der Ehe selbst.

Ludwig. So recht, Herr Pfarrer, predigen Sie Ihnen nur brav die Wahrheit; sie hören es gar selten. Wenn der Ehestand so bös und gefährlich wäre, so würde man nicht so viele Wittwer und Wittwen drey = bis viermal zur Trauung in die Kirche gehen sehen.

Fünfter Aufzug.

Erster Auftritt.

Ludwig, Conrad, Berthold, Zenger, Eckmüller, treten aus dem Cabinet der **Ludmille** ins Gastzimmer, nebst **Kaponi, Nußberger,** und endlich **Bertha.**

Nußberger.

Ihro Gnaden, Herr Graf, die bogner Böthinn ist hier. Sie hat die Bestellung des Weins gemacht; der Wirth versichert Sie aber nicht, ob er denselben bis heut Mittag allen liefern könne.

Berth. Damit ist mir nicht geholfen, um so weniger, da das Hochzeitfest Ihro Durchlaucht, mit meiner Mutter, auch dazu kommt, welches ich nicht zuvor habe wissen können. Ich will gleich selbst mit der Böthin reden.

Ludwig. Herr Graf, ist diese die bogner Böthin, die zu Landau die Bestellung des Weins machte.

Berth. Ihro Durchlaucht, sie ist die nemliche.

Ludwig. Herr Graf, bleiben Sie hier, und lassen Sie sie daher kommen; ich habe sie selbst um eins und das andere zufragen.

Berth.

Berth. Wie es Jhro Durchlaucht gefällt. — Nußberger, führe er die Böthin hieher, damit wir selbst mit ihr sprechen können.

(Nußberger geht ab.)

Ludwig. Die Böthin hat verdrüßliche Anstöße zu Landau gehabt, ein Kräutelweib von dort, so ihr auf dem Wege begegnete, hat sie geschimpft und mißhandelt, und zwar während der Zeit, da ich selbst noch in Landau war. Mein dortiger Beamter aber, hat auf meinen Befehl die Sache gleich untersuchen, und das Kräutelweib, welche unrecht hatte, abstrafen müssen.

Berth. Ich habe mirs wohl eingebildet, daß die Böthin muß aufgehalten worden seyn, sonst wäre sie schon längst wieder hier.

Nußberger (kommt) Jhro Gnaden, Herr Graf, hier ist die Böthin.

Berth. Bist du endlich einmal hier, Böthen? Ich habe dich schon längst erwartet. Wie stehet es, bekommen wir Wein.

Bertha. Jhro Hochgräfliche Gnaden, ja; Wein, kommt schon, aber nicht so viel bis Mittig. Der Wirth hat so viel Wein nicht mehr in seinem Keller zu Landau, er ist aber schon zu Dingelfing, um die übrige Quantität Weins von dort aus hieher zu liefern. Der Dingelfinger Wein aber wird um einen halben Tag später kommen.

Berth. Wenn er nur aufs wenigste so viel bis heut Mittag sicher liefert, als er zu Landau hat.

Bertha. Ja, das liefert er gewiß, es ist sein Knecht schon damit auf der Straße.

Berth. Ihr hättet ja schon eher hier seyn können, wo habt ihr euch denn so lange aufgehalten?

Bertha. Wie ich von Neubersdorf auf Oberaltach gieng, und beym Kloster vorbey wollte; so rufte mich der Herr Prälat, der mich daherkommen sahe, ich erstaunte recht, wie ich den Herrn ganz gesund und gerade wahrgenommen hab.

Berth.

Berth. Warum bist du so erstaunt? soll der Prälat nicht gerade und gesund seyn.

Bertha. Ich habe zum Herrn Prälaten gesagt: es wundert mich sehr, daß ich Euer Hochwürden gesund und gerade antreffe. Warum? sagte der Herr Prälat; dessentwegen sagte ich, weil ich geglaubt habe, Sie seyn krank, und sichelkrum, und habe Ihm sodann die ganze Sache erzählt.

Berth. Warum hast du denn geglaubt, daß er krank, und sichelkrum sey, bist du entwan eine Hexe, daß du ihn hast krumm und krank machen wollen?

Bertha. Ihro hochgräfliche Gnaden, behüte mich Gott dafür! ich bin mein Lebtag keine gewesen, und mag noch keine seyn. Aber — —

Berth. Was aber? — rede!

Bertha. Aber hernach hab ich ihm die ganze Sache erzählet, wie ichs jetzt erzähle: Als ich von Landau nach Hause reisen wollte, so mußte ich durch ein kleines finsteres Holz gehen, wo ein Kreuzweg ist. Die Strasse führte mich auf die Hüte des Landauer Waldmanns zu. — Da bin ich erschrocken, wie ich das Ding gesehen habe. Da habe ich meine Hände zum Himmel gehoben, daß ich glücklich davon kommen möchte. —

Berth. Warum bist du denn also erschrocken?

Bertha. soll einer etwa nicht erschrecken, wenn man einen Zauberer vor sich sieht? Der Zauberer hatte einen schwarzen Rock an, stund mitten in einem Kreise, beschwur die Geister, und versprach dem Herrn, der bey ihm war, und den er Stichi hieß, daß er wolle den Herzog von Baiern, und unsere gnädige Frau Gräfin dergestalt bezaubern, daß sich die Liebe zwischen Ihnen beyden in einen unauslöschlichen Haß verwandele, und dadurch die Ehe vernichtet werde. — Und weil der Prälat von Oberalteich in dieser Liebesunterhandlung sich gebrauchen ließ, so wolle er, der Zauberer, machen, daß der Prälat krank, und an Händen und Füssen sichel-

sichelskumm nach Hause kommen müsse. Ich glaubte, der Zauberer könne dieses machen, und aus dem Munde des Prälaten mußte ich mit Verwunderung vernehmen, daß er weder krank noch krum sey.

Berth. Ihro Durchlaucht, es muß doch etwas dahinter seyn, sie, die Böthin, würde es sonst nicht sagen.

Bertha. Freylich ist es wahr, sonst sagte ichs ja nicht. Ich habe ja den Stichi mein Lebtag nicht gekannt, und habe auch niemals gewußt, daß der Landauer Waldmann ein Zauberer sey.

Berth. Weib! wenns nicht wahr ist, so helfe dir Gott. Die Bothen und Böthinnen lügen sonst gern.

Bertha. Ihro hochgräfliche Gnaden, ich lüge nicht. Sie dürfen ja nur den Stichi und den Waldmann selbst fragen, beyde sind unten in der Jägerstube, sie zanken miteinander, ich hab es gehört und gesehen, sobald ich hier ankam. Der Zauberer sagt alleweil zum Stichi: zahle mich du selbst, oder führe mich zum Oberstallmeister, damit der mich zahle.

Ludwig. Warum soll denn mein Oberstallmeister zahlen?

Bertha. Der Oberstallmeister hat den Stichi befohlen, daß er den Herzog, unsere gnädige Frau Gräfin und den Prälaten bezaubern soll.

Ludwig. Was höre ich? habe ich solche Leute an meiner Seite?

Zenger. Ihro Durchlaucht, ich bin nicht dabey gewesen. Die Böthin kann aus Einfallt sagen, was sie will.

Eckmüller. Ich habe dessentwegen kein Wort mit dem Stichi, und noch weniger mit dem Zauberer geredet.

Ludwig. Ein schönes Paar Minister und Reisegefährten! — Graf Berthold, ich möchte die Sache hier alsogleich untersuchen; lassen Sie mir den

den Stich und den Zauberer, beyde wohl verwahret, hier vorführen. Ich will dem Processe gleich ein Ende machen.

Berth. Augenblicklich soll es geschehen. Nußberger, nehm er so viele Soldaten von der Schloßwache, als nöthig ist, wie auch den Amtmann mit, und laß er beyde hieher führen. — Böthin, du bleibst hier. (Nußberger geht ab.)

Ludwig. Wie gefällt es Ihnen, Herr Bischof, daß ich ein so feines Paar Minister bey mir habe? die durch Vermittelung der Schwarzkunst zwischen mir und meiner Braut Haß und Feindschaft erregen, meine Vermählung mit Ihr hintertreiben, und sogar den Abbt von Oberalteich, der an allen diesen unschuldig ist, und nicht den Schatten eines Liebesunterhändlers an sich hatte, krank, und an Händen und Füssen krum machen wollten? Was halten sie von diesem paar Bösewichtern?

Conrad. Ihro Durchlaucht, ehe die Sache untersuchet ist, will ich mein Urtheil zurück halten. Wenn auch die Verkrümmungen an Händen und Füssen, dann die Verwandlung der Liebe in Haß, gleich nicht erfolget sind, so ist schon der Wille bös, und um so ärger, da solche Zauberhändel ohne schändlichen Aberglauben nicht vorgenommen werden.

Ludwig. Graf Berthold! hätten Sie dieses jemals von Ministern meines Hofes sich vorstellen, oder nur vermuthen können? oder können Sie diese Thaten entschuldigen?

Berthold. Ich nicht. Ungetreue Diener giebt es fast überall bey Hofe; nur ist der Unterschied, daß an einem Hofe mehr, an einem andern weniger sind. Darum ist es gut, wenn ein Herr seinen Dienern sich nicht gänzlich anvertrauet, wenn ein Herr mit seinen eigenen Ohren höret, und mit seinen eignen Augen siehet, auch nicht einem jeden Geschwätz blindlings Beyfall giebet. Jener Herr stehet stets in Gefahr mit Unwahrheiten hintergangen

gen zu werden, der nur mit den Ohren seiner Minister höret, und mit deren Augen siehet. Mein gräflicher Hof hier ist mit einem herzoglichen nicht zu vergleichen, und doch vertraue ich mich meinen Ministern nicht zu viel. Dieses ist eine Maxime, die mir mein Vater seliger unter andern als ein Erbtheil hinterlassen hat.

Zweyter Auftritt.

Nußberger, Stichi und Schwarzibini von der Wache und von Amtleuten begleitet, nebst den Vorigen.

Nußberg. Hier sind beyde Gefangene.

Ludwig. Stichi, du verschmitzter Kerl! kennest du das Weib?

Stichi. (ganz zitternd und erblasset) Jhro Durchlaucht, ich kann mir nicht recht einbilden, wer sie sey.

Ludwig. Stichi, hast du dies Weib niemalen gesehen? rede! es nutzt hier kein Laugnen nichts.

Stichi. Jhro Durchlaucht, es giebt so viele Weiber, deren eine der andern gleich sieht, ich kann mir keinen rechten Begriff mehr davon machen, wo ich sie soll gesehen haben. — Ich glaube, sie hat mich für den Unrechten angesehen.

Bertha. So kennest du mich gar nicht mehr? — Aber ich kenne dich schon, und deinen Kammeraden, den Schwarzkünstler, kenne ich auch. Haben wir doch erst vor etlichen Stunden auf dem Kreutzwege im Wäldl einander gesehen, wo der Schwarzkünstler seine Zauberey trieb. Schaue nur, itzt kennest mich nimmer, und bin unter dem Gebüsch gestanden, du aber hinter der Marksäule, wo du so stark gezittert, und mir gewinket hast, daß ich nichts reden soll.

Stichi. Aha! bist du es gewesen; ja, was hab ich dir denn Leibes gethan?

Bertha. Du hast mir weiter nichts gethan, ich bin nicht ganz aus stehen geblieben, sondern bin auf der andern Seite meinen Weg fortgegangen. Bey solchen Sachen mag ich mich nicht aufhalten, mit Zaubereyen mag ich nichts zu thun haben.

Ludwig. Stichi, kennest du das Weib noch nicht?

Stichi. Jhro Durchlaucht, itzt kann ich mich schon entsinnen. Sie ist die Böthin von Bogen, die ohngefähr dahin kam in Wald.

Ludwig. (zum Zauberer) Wie heisset ihr?

Schwarzib. Ihre Durchlaucht, Schwarzibini.

Ludwig. Kennet ihr dies Weib auch?

Schwarzib. Ich kenne sie wohl, aber im Wäldl habe ich sie nicht gesehen, ich habe meine Sache so fortgemacht, und weiter auf niemand acht gegeben.

Ludwig. Was habt ihr denn fortgemacht, und warum seyd ihr jetzt hier?

Schwarzib. Ich habe einige Raritäten von meiner Schwarzkunst producirt, und nun bin ich hier, um dafür meine Bezahlung zu fordern.

Ludwig. Wer soll euch denn bezahlen?

Schwarz. Der herzogliche Oberstallmeister.

Zenger. Liederlicher Kerl! was verlangst du von mir eine Bezahlung? ich habe mit dir nie ein Wort geredet.

Schwarzib. Ja, mit mir haben Sie kein Wort gesprochen, aber der Stichi hatte von Jhnen den Auftrag, in Ihrem, und in des herzoglichen Oberjägermeisters Namen, 50 Dukaten nebst einem Beytrag darüber mir zu versprechen, wenn ich meine Zauberstücke nach Ihrer Intention mache. Ich machte sie; ich kann aber nicht Narr umsonst seyn.

Ludwig. Stichi, ist es wahr, was Schwarzibini sagt?

Stichi.

Stichi. Ja, Ihro Durchlaucht, es ist freylich wahr, daß ichs ihm in ihrer beyden Namen versprach.

Ludwig. Warum versprachst du ihm denn so viel Geld? was trieb dich dazu an?

Stichi. Darf ichs sagen, Ihro Durchlaucht?

Ludwig. Sogleich sage es.

Stichi. Der Herr Oberstallmeister befahl mir in seinem und des Herrn Oberjägermeisters Namen, den Schwarzibini aufzusuchen, und ihm 50 Dukaten, nebst noch einem andern Beytrag, zu versprechen, wenn er mittelst seiner Zauberkunst die Vermählung des Herzogs, unsers gnädigsten Herrn, mit der Gräfin Ludmille, hintertreibe, und den Abbt von Oberalteich zum Lohn seiner Unterhandlung an Händen und Füssen krum und lahm mache. So ist die ganze Sache.

Zenger. Verräther, schweig!

Eckmüller. Zenger, hätte ich nur den Kerl bey der letzten Jagd mit einem Pfeil seine Seele aus dem Leibe gejaget. — Mit dem Narren ist nichts anzufangen. — Ihro Durchlaucht, ich habe mit Stichi kein, gar kein Wort geredet.

Zenger. Was ich zum Stichi sagte, das sagte ich nur aus Scherz.

Stichi. Ja, ja, hernach heiſt's: schweig, ich hab es nur aus Scherz gesagt, und unser einer soll das Bad allein austrinken? es ist ja schon bekannt, daß euch diese Heyrath nicht recht ist. Es ist euch also wohl Ernst gewesen. O, ich Esel! — o, ich Ochs! — o, ich Büffel! — daß ich mich von Ihnen habe dazu bereden lassen! denen traue ich nimmer. Mein Lebtag hat mich niemand so angeführt.

Eckmüll. Du dummer Kerl, du mußt einen Spaß verstehen.

Ludwig. So seyd ihr solche Spasmacher? — in dergleichen Sachen, welche das Ansehen, die Ehre und Wohlfahrt des Herrn betreffen, ist Männern von Euerm Range wohl erlaubt, solchen niederträchtigen Spaß zu machen, oder gar unerlaubte Absichten zu führen? Was hat euch gegen meine Vermählung mit der Gräfin Ludmille so sehr aufgebracht? Ist es fremde Bestechung, oder eigene Bosheit? Gehet beyde in Zimmerarrest, bis auf weitere Ordre.

Zeng. und Eckmüll. Jhro Durchlaucht, Gnade!

Ludwig. Aus euern Reden und Betragen nahm ich schon längst einen Unwillen ab, welchen ihr gegen meine Vermählung mit der Gräfin Ludmille gehabt. — Nun aber, da ihr euch so weit vergangen, daß ihr sogar die Zauberkunst zu Hülfe ruft, so verdient ihr keine Schonung. Pfuy, schämet euch, daß ihr mein Vertrauen zu euch so mißbraucht habt; daß ihr meinen Wohlstand, euern besondern Absichten nachgesetzet habt. Entfernet euch von meinem Angesicht. (zur Wache, die eben herein tritt) Bringet sie in Verwahrung.

Bertha. Wenn man mit mir nichts mehr zu schaffen hat, so gehe ich. — Mir ist es leid für die Herren. Ich habe es nicht ausgerechnet, daß die Sache so weit gehen kann, sonst hätte ich stille geschwiegen. (sie gehet ab.)

Dritter Auftritt.
Die Vorigen.

Ludwig. Sollte man sich wohl solche Possen träumen lassen! Nun gut. Rede du, Schwarzkünstler, was für Naritäten hast du gespielt?

Schwarz. Jhro Durchlaucht haben bereits die Aussage des Stichi vernommen. Ich machte meine Zaubersprüche, ohne zu untersuchen, durch welche Veranstaltung, oder Absicht es geschehen möge. Ich

Ich that es beym Mondenschein, auf dem Kreuz-
wege, nächst meiner Hütte im Walde. Und damit
das Werk destomehr in Erfüllung kommen sollte,
rufte ich den abnehmenden Mond an, mit den ge-
wöhnlichen Worten: Vince Luna. Ich reisete hierauf mit dem Stichi hieher, um meine Bezahlung
zu erhalten.

Ludwig. Weißt du aber, daß du mit deiner
ganzen Schwarzkunst weder bey mir, noch bey dem
Prälaten etwas ausgewürket habest.

Schwarz. Dies weiß ich nicht, bin auch dar-
darüber wenig besorgt. Deßwegen muß ich doch bezahlt werden, gleich einem Arzt, wenn ihm schon
der Kranke gestorben ist. Ich wurde öfters von Grafen und recht vornehmen Herren berufen, um meine
Zauberkünste zu machen, ich machte es, und sie waren mit mir zufrieden, und zahlten mir allezeit, was
sie dessentwegen versprochen hatten. Dies ist nemlich mein Acker und Pflug.

Ludwig. Sehen Sie nur einmal, Herr Bischof, wie sehr dieser heidnische Aberglaube noch im
Schwange geht. Noch wird der Zauberer, wie er
selbst sagt, von Standespersonen berufen, und zu
abergläubischen Unternehmungen gebraucht.

Conrad. Es ist höchstens zu bedauern, daß,
nachdem schon über 500 Jahre das Christenthum in
Baiern eingeführt ist, noch so viel heidnischer Aberglaube darinn herrsche. Man theilte schon im sie-
benten Jahrhundert das ganze Baiern, welches bis
dahin nur einen einzigen Bischof, nemlich den von
Lorch, heut von Paßau, in ihrem Schoos zählte,
in vier Bißthümer ein, um mit gesammter Hand den
heidnischen Aberglauben desto eher zu unterdrucken
und vernichten zu können. Im achten Jahrhunderte
wurden von den Herzogen, Agilelfingischen Stames,
so viel Abbteyen und Klöster gestiftet, daß man
mit Vernunft schlüssen könnte, der Weltpriester-
stande mußte mit Beyhülfe so vieler Mönche das

Heldenthum, sammt den ganzen Schwarm der Anhänger des Aberglaubens schon längst völlig ausgerautet haben; und doch finden wir, leider, so viele Ueberbleibsel vom heidnischen Alterthume, mit welchem sich das Volk bethören läßt.

Ludwig. Schwarzibini, ein schönes Handwerk treibest du. — Wo hast du es gelernet.

Schwarz. Von einem Zauberer.

Ludwig. Was sind die Zauberer?

Schwarz. Sie sind gelehrte Hexenmeister, die da Beschwörungen gebrauchen, Zirkel machen, und aus einem Zauberbuche, darinn sie lesen, die bösen Geister anrufen.

Ludwig. Weißt du denn nicht, daß die Schwarzkunst sowohl in dem christlichem Gesetze, als in dem baierischen Landrecht aufs schärfste verboten sey? oder bist du gar kein Christ?

Schwarz. Ich bin ein Christ, ich weiß, daß es verboten sey; allein, der Mensch will doch leben, und ich weiß nicht, durch was ich mich sonst fortbringen solle.

Ludwig. Wie? hast du denn kein Handwerk oder Kunst gelernet?

Schwarz. Ich habe studirt, die Physik und Mathematik, mein weniges Heyrathgut beym Studieren zugesetzet, also, daß ich dadurch erarmet bin.

Ludwig. Warum hast du dich nicht noch in deinen jungen Jahren auf die Schreiberey verlegt, und um eine Beamtensstelle, oder um einen andern Dienst bey der Regierung angehalten?

Schwarz. Ich habs gesucht, — und auf meine Ehre, ich habs stark gesucht, annoch in meiner Jugend, aber vergebens. — Geld hatte ich nicht, um mir gute Freunde zu machen, und ohne Geld war es mir unmöglich etwas zu erhalten. Wie gesagt, Ihro Durchlaucht, ich war arm. —

Lud-

Ludwig. Das ist in meinen Augen kein Fehler. Wenn du dich sonst zu einem Dienst durch Geschicklichkeit und gute Aufführung tüchtig gemacht hättest, so hättest du dich nur an einsichtsvolle und rechtschaffene Männer, deren es immer einige giebt, oder an meinen hochseligen Vater, selbst wenden sollen; er war ein Mann, der Tugend und Talente unterstützte.

Schwarz. Jhro Durchlaucht wissen freylich nicht, daß Dienste nur den Meistbiethenden in die Hände gespielet werden, aber die armen Kandidaten erfahren es schon, für sie ist selten eine Stelle ledig. Insgemein erhalten nur diejenigen Dienste, welche dieselbe den Vergebenden gleichsam abkaufen können. Wer den Daumen nicht rühren kan, bleibt mit den besten Talenten sitzen, und die Reihe kommt nie an denselben. Das erfuhr ich, und als ein Mensch, der Physik und Mathematik studiert hatte, war ich zu stolz, einen gemeinen Schreiber zu machen, und ergrieff in der Verzweiflung dieses Metier.

Ludwig. Du bist also ein armer Tropf, und zugleich eine boshafte Seele. Du verlegtest dich auf die unerlaubte Schwarzkunst, und gebrauchtest dich derselben wider deinen Landesherrn selbsten. — Dies ist ein Crimen laesae; weist du das? Man lasse die Amtleute hereintreten, und diese beyden Verbrecher wohlverwahrt in Kerker werfen.

Schwarz. und Stichi. Fußfällig flehe ich um Gnade und Barmherzigkeit.

Schwarz. Ich glaubte ja nicht, daß mein Verbrechen so groß sey; ich halt selbst nichts auf die Zauberpossen, ich thats nur, um Geld zu gewinnen.

Stichi. Ich thats nur auf Befehl des Oberstallmeisters.

(die Amtleute nehmen beyde mit fort.)

Vierter Auftritt.
Ludwig, Conrad, Berthold; Raponi kommt dazu.

Conrad. In den Kapitularien Kaiser Carl des Grossen, (L. 1. c. 72. pag. 934.) sind schon diese Alfanzereyen verboten. Es war kein heidnischer Aberglaube so tief in den Herzen der alten Deutschen Christen eingewarzelt, als das Nestelknüpfen; da man den Mann unfähig zu machen glaubte, seiner Braut beyzuwohnen, wie auch der, daß man Liebe Haß, Krankheit oder Gesundheit vermittelst abergläubischen Amuleten erweckte.

Berth. Was waren dieses für Amuleten?

Conrad. Theils aus Holz, theils aus Metall, oder Pergament, worauf unverständliche Figuren und Charakter stunden. Am wenigsten war Baiern von diesen abergläubischen Possen frey. Noch im achten Jahrhunderte fanden sich sogar Geistliche ein, die dem Volke dergleichen abergläubische Amuleten zur Erhaltung der Gesundheit austheilten. Die Weiber banden es nach heidnischem Gebrauche an die Arme und Schienbeine, sie wurden als sichere Heilungsmittel wider alle Krankheiten offentlich verkaufet, wie ich aus dem Brief des heil. Bonifaz, den er an den Pabst Zacharias schrieb, dies alles zu meiner Erstaunung ersehen mußte. Die Kirche mußte ins Mittel treten. Sie verdammte demnach alle Gattungen dieser Amuleten, und warnete das einfältige Volk dagegen. Die Kirche sagte auch: wenn sie wollen gesund werden, oder vor Krankheiten sich bewahren, so sollen sie sich zu Gott wenden, das geweihete Oel brauchen, und zum Tisch des Herren mit Vertrauen gehen.

Ludwig. Herr Bischof, Sie besitzen eine schöne Kenntniß von dem heydnischen Ursprung so mancher noch heut zu Tage im Schwange gehenden Aberglauben. Nun ist mein ernstlicher Wille, daß Sie den

den Seelsorgern und Predigern ihres Kirchsprengels den gemessensten Auftrag machen sollen, wider diese und dergleichen heidnische Aberglauben und zauberische Possen zu predigen, und das Volk zu warnen, und zu unterrichten, daß Verzauberungen und Verhexungen mehr Würkungen der menschlichen Bosheit, als das mit dem Teufel gemachte Bündniß sind, daß die bösen Menschen ihrem Nächsten auf verschiedene heimliche Art schaden, und die Schuld auf den Teufel werfen. Die menschliche Bosheit soll sich keines Deckmantels bedienen dürfen, um desto freyer schaden zu können.

Conrad. Diesen Auftrag werde ich meiner ganzen Clerisey nächstens aufs Nachdrücklichste einschärfen, sobald ich nach Hause komme. Ihro Durchlaucht, wir wollen gemeinschaftlich an der Sache arbeiten. Lassen Sie Dero Policeyamt im ganzen Lande fleissig nachforschen, wo dergleichen Aberglauben noch hier und dort, und von was für Leuten selbiger getrieben werde; damit dergleichen Leute, wenn sie davon nicht abstehen, sowohl von weltlicher, als geistlicher Obrigkeit wegen gestraft werden können; und zwar ohne Unterschied zwischen Reichen und Armen, Vornehmen und Geringen, denn es giebt noch Standespersonen, und selbst herzogliche Beamte, die auf dergleichen heidnische Alphanzereyen noch fest glauben, und manche von den Druiden ererbte Ohren halten.

Ludwig. Ich werde bey nächster Gelegenheit ein allgemeines Patent durchs ganze Land über diesen Gegenstand ergehen, und kund machen lassen. Das Wohl meiner Unterthanen liegt mir mehr am Herzen, als daß ich ihre Denkungsart mit dem Aberglauben irre machen, und verderben liesse. Ich will auf meine Kosten Dorfschulen aufrichten lassen, den Schulmeister gut besolden, und nur solche Leute zu Schulmeister nehmen, die selbsten Naturlehre und einige mathematische Kenntnisse besitzen, damit sie es der Jugend beybringen, und ihren Verstand aufklären können. Ich werde auch Waisenhäuser unter dem Bauernvolk stiften lassen, mit welchen eine Landwirthschaft verknüpft ist, damit die Waisen auch in landwirthschaftlichen Gegenständen unterrichtet und geübet, bey ihrem Bauernstand bleiben. Auf solche Art werde ich arbeitsame, von allem Aberglauben freye, gehorsame und aufgeklärte Unterthanen bekommen.

Conrad. Kein nützlicheres und schöneres Projekt kann Jhro Durchlaucht von niemand gemacht werden, als Sie itzt selbst gemacht haben. Die Kirche und der Staat werden Jhro Durchlaucht Altäre der Dankbarkeit in ihren Herzen erbauen. Der Schwarzibini würde nicht in dieses Verbrechen verfallen seyn, wenn solche heilsame Anstalten schon früher existirt hätten.

Berth. Das Verbrechen dieses Schwarzkünstlers scheinet mir eine grosse Aehnlichkeit mit dem uralten Aberglauben zu haben, vermög dessen die einfältigen Leute den Hexen die Kraft zueigneten, mit ihren Beschwörungen und zauberischen Reimen dem Mond zu gebiethen, und ihn sogar auf unsere Erde herabziehen zu können.

Ludwig. Was ist dieses für eine Narrheit!

Berth. Haben sie einmal den Mond in ihren Versen angerufen, so glauben sie, es sey ihnen gar leicht, die menschlichen Herzen nach ihrem Gefallen zu leiten, Haß oder Liebe zu erwecken, und die Leute gleichsam an den Leitfaden ihres Willens zu führen.

Ludwig. Der Schwarzkünstler sahe es ja erst mit seinen Augen, daß seine Beschwörungen und zauberische Reime nichts gewürket haben. Ich und Ludmille lieben noch, und lieben heftiger, als zuvor; und der Abbt von Oberalteich ist weder krank, noch krum oder lahm.

Con-

Conrad. Das Wort maleficium will nach seinem Wortverstande eben so viel sagen, als malefactum, das ist, eine Uebelthat. Wenn der Zauberer durch ein heimlich beygebrachtes Gift, oder durch andere schädliche, uns verborgene, doch aber natürliche Mittel, dem Nächsten Schaden zufüget, und vorgiebet, er habe es durch Hülfe des teuflischen Pakts gethan, so sage man mir, ob dies nicht für eine Uebelthat, maleficium, zu rechnen sey?

Berth. Allerdings. Allein, die einfältigen Leute glauben, der Teufel habe, auf Befehl des Zauberers, diesen Schaden zugefüget, und der Zauberer darf nichts thun, als bloß befehlen.

Conrad. Richtig. — Also auch das Wort praestigia, welches von praestringendo hergeleitet wird, bedeutet nichts anders, als ein Blendwerk und Taschenspielerey, dabey die Augen der Zuschauer durch Nebendinge also verführet und betrogen werden, daß derjenige Wunderdinge zu sehen glaubet, der die Art nicht weiß, wie es zugehet. Dies erkannten schon Cicero und Seneca zu ihren Zeiten.

Ludwig. Die Hexenmeister und Zauberer sind also blosse Betrüger, die, um Brod zu gewinnen, Giftmischereyen, Taschenspielereyen, und andere verdeckte Possen treiben.

Conrad. Ihro Durchlaucht haben richtig geschlossen: sie sind Leute, die durch seltsame Schelmenstücke, listige Gauckleryen, unbegreifliche Blendwerke, und ausgekünstelte Betrügereyen verwunderungswürdige Werke zu spielen, und das leichtgläubige Volk damit zu äffen und zu bethören wissen, auf daß man sie für Zauberer hält, das ist, für solche Leute, die eine Gemeinschaft mit den bösen Geistern haben, und durch ihre Hülfe dergleichen Wunderdinge hervorbringen. Pabst Gregor selbst, da er die Baiern vieler zauberischer Missethaten beschuldigte, hat nur Werke der menschlichen Bosheiten

ten darunter verstanden, und solche maleficia und praestigia genannt.

Berth. Auf solche Art hat der Teufel in die Zauberey keinen stärkern Einfluß, als in den Hochmuth, Neid, Ehrabschneidung, Lügen, Mordthaten, und in anderen aus menschlicher Bosheit begangenen Sünden.

Conrad. Bonifaz, jener baierische Apostel, hielt einsmals von der Taufe eine Rede, und setzte alle die Werke des Teufels, welche der Christ in der heil. Taufe abschwöret, nach der Reihe an; in dieser Rede will er sagen: daß der Teufel den Menschen zur Zauberey, das ist, zur Giftmischerey, Taschenspielerey und andern Schelmenstücken eben also anreitze, als wie zum Hochmuth, zur Abgötterey, zum Neid, zum Todschlage, zum Haß, zum Meineyde, zum Zorn, zur Geilheit, zum Glauben an die Hexen, und an die in Wölfe verwandelte Leute, mit einem Wort, zu allen Lastern.

Berth. Nach der Lehre des heil. Bonifaz ist es also ein Teufelswerk, wenn man so thöricht ist, und glaubt, daß es Hexen und solche Leute gebe, die sich in Wölfe verwandeln können.

Conrad. Dieser ist der ächte Verstand von den Worten des heil. Bonifaz.

Ludwig. Dieser Brief des heil. Bonifaz ist ein seltenes Stück des Alterthums; wo kann man diese Rarität sehen?

Conrad. In dem berühmten Kloster Melk, welches ohne Zweifel mehr Denkmähler vom achten Jahrhunderte aufbehält.

Ludwig. Der Schaden, den solche Betrüger und Taschenspieler durch natürliche Mittel, als so vielen vermeyntlichen Zaubereyen verursachen, soll eben so scharf gestrafet werden, als wenn sie denselben wirklich durch Vermittelung des Teufels den Leuten zugefügt hätten. Hat man denn zu Zeiten des heil. Bonifaz, von Seiten der geistlichen und
welt-

weltlichen Obrigkeit diesem Aberglauben nicht schon abzuhelfen gesuchet?

Conrad. Allerdings, Ihro Durchlaucht, es gehört aber mehr, als ein Jahrhundert dazu, daß man einer ganzen Nation einen solchen eingewurzelten, und mit der Muttermilch eingesogenen Aberglauben aus dem Kopf bringe. Die Denkungsart einer ganzen Nation in Glaubenssachen umzukehren, erfordert mehr Jahrhunderte. Wie sehr die in der Kirchenversammlung zu Letines in Hennegau erschienenen Väter schon im Jahre 743 sich haben angelegen seyn lassen, die abergläubischen Mißbräuche und heidnische Gewohnheiten, mit denen unsere ersten Christen in Baiern, Schwaben und Franken angestecket waren, auszurotten und zu vertilgen, erhellet aus dem Strafgesetze, welches in dem vierten Canon dieser Kirchenversammlung enthalten ist, und im Namen Carlmanns, des französischen Majordoms also abgefasset worden ist: „Wir verord„nen auch, daß derjenige, welcher heidnische Ge„wohnheiten oder Aberglauben in einer Sache ge„braucht, gestrafet, und zu einem Pönfall von 15 „Soliden verurtheilet werden soll.„

Ludwig. Unter diese Rubrik gehören gewiß auch die sogenannten Phylacteria, oder Präservative wider Gift und Zauberey?

Conrad. Allerdings, Ihro Durchlaucht, dann wider das Nestelknüpfen, zu Latein ligatura, wurden die Phylacteria, oder Heilungsmittel, gebraucht, welche in den Amuleten, wovon wir erst vorhin Meldung gethan haben, meistentheils bestunden.

Ludwig. Herr Pfarrer, welche Kraft glauben Sie wohl, hielt mich so unzertrennlich an Ludmillen, und diese im Gegentheil an mich? Hexereyen glaube ich nicht, das wissen Sie bereits.

Conrad. Gleiche Eigenschaften und Gemüthsneigungen, gleiche moralische und physikalische Denkungsart, dann nicht ein gar zu grosser Unterschied

in

in Jahren, waren jene Phylacteria, welche das Liebesfeuer in Ihren beyden Herzen anzündete, und und bis auf diese Stunde unterhielten, auch nur noch immer mehr und mehr anfachen werden.

(Kaponi kommt an.)

Ludwig. Was der Herr Pfarrer für ein Naturkündiger ist! — Just recht, Kaponi! Schläft die Gräfin noch?

Kaponi. Ihro Durchlaucht, die Frau Gräfin sind schon aufgestanden und angekleidet.

Berth. Das glaube ich, Sie hat einen kurzen Schlaf, wenn ihr ein wichtiges Geschäft bevorstehet.

Ludwig. Wohlan! wir wollen Ihr einen guten Morgen wünschen.

Berth. Ihro Durchlaucht werden erlauben, daß wir Sie heut bey der Kopulation mit unsern Hofleuten bedienen.

Ludwig. Ich erlaube es.

Conrad. Nachdem werde ich mich gleich in die Sakristey verfügen, und mich bereit halten.

Ludwig. Dies thun Sie Herr Pfarrer, nun wollen wir gehen. (gehen alle ab.)

Fünfter Auftritt.

Kaponi, Bertha.

Kaponi. Mein Herr wird von den Graf-Bognerischen Hofleuten bey der Kopulation bedienet: folglich habe ich für dermalen keinen Dienst zu machen. — Wunderbar ist's doch, daß vom Gefolge des Herzogs fast niemand bey der Einsegnung gegenwärtig ist, der es zu Kelheim erzählen könnte, wie es zugegangen sey. Zenger und Eckmüller haben Hausarrest, Stichi liegt im Kerker; und ich, der ich von allen diesen Zauberhändeln kein Wort wußte, werde bloß dessentwegen vom Dienst bey der Kopulation ausgeschlossen, weil die Bogner die Ehre allein

allein haben wollen, den Herzog bey dieser Feyerlichkeit zu bedienen. Gut! dieß will und muß ich geschehen lassen, aber beym Hochzeitmahle lasse ich mich nicht ausschliessen. Da will und muß ich dabey seyn; ich habe nichts verbrochen, und der Herzog hat auch sonst keinen Unwillen gegen mich.

Bertha. (kömmt) Just recht, Herr Kaponi, daß ich Sie hier antreffe. Ich habe gehört, der Herzog und unsere Gräfinn Ludmille sollen heute in der Kirche eingesegnet werden; kann mans wohl auch sehen? Darf ich nicht bitten, daß Sie mir einen Platz verschaffen, damit ich alles recht sehen könnte.

Kaponi. Es darf kein Mensch in die Kirche; die Thüre wird verwachet, und ich mache heut keinen Dienst bey der Einsegnung.

Bertha. Was? Sie machen heut keinen Dienst? Sie stimmen mich; Sie sind ja eine nothwendige Person dabey. Sie sind nur so feindselig und wollen mir zu keinen Platz verhelfen.

Kaponi. Wunderliches Weib! warum sollt ich das nicht, wenn es seyn könnte! aber ich versichere sie, ich komm selbst nicht dazu; der Herzog wird in der Kirche von den Hofleuten Euerer Herrschaft bedienet; der Graf Berthold hat sich diese Ehre ausgebetten. Ich denke, wenn die Frau Gräfinn Herzoginn seyn wird, so werden die Bogner uns Baiern bey Hofe brav hinabstechen, und wir werden nichts mehr gelten.

Bertha. Ey, glauben Sie das nicht! das thut unsere Frau Gräfinn nicht; wenn sie einmal baiersche Herzoginn ist, so wird sie sich auch von baierschen Hofleuten bedienen lassen. Sie ist ist eine gar gute und billige Frau.

Kaponi. Es mag seyn; doch die Veränderung des Standes, verändert auch öfters das Gemüth.

Bertha. Bey unserer Gräfinn ist das nicht zu vermuthen. Denn nach dem Tode ihres Eheherrn

hat

hat sie keinen Hofbedienten brodlos gemacht, keine Wittwen und Waisen verstoßen. Noch bey seinen Lebzeiten stand sie den Dürftigen in allerley Fällen bey; sie legte öfters ihre Hoheit gleichsam ab, um Unglückliche persönlich zu trösten, und mit mütterlicher Liebe für sie zu sorgen. So huldreich, so mildthätig ist ihr Herz.

Kaponi. Ich habe schon viel Rühmliches von ihr gehört.

Bertha. Güte und Leutseligkeit liegen ihr nicht bloß auf der Zunge, sondern im Herzen. Sie denket nicht daß Leutseligkeit pöbelhaft sey, und Herablassung die hohe Geburt entehre. Sie sucht vielmehr ihren Ruhm durch ein menschenfreundliches Betragen.

Kaponi. Es wäre zu wünschen, daß alle hohe Standespersonen also dächten und handelten. Allein viele Glückliche der Erden verstecken sich hinter eine Maske, die nur dazu dienet, die Menschen zu blenden und zu äffen, nicht aber ihnen zu helfen. Viele glauben sich berechtiget, gegen den Nothleidenden unempfindlich zu seyn, und weil durch deren Anblick und Seufzer ihre sinnliche Gemüthsruhe gestöret werden könnte, solche geschwind von sich zu weisen, oder gar nicht vorzulassen. Ach! die Hartherzigen! welche niedlich speisen, und in abwechselnden Kleidern prangen, scheinen nicht einmal zu wissen, oder wissen zu wollen, daß es Menschen, wohlverdiente Menschen giebt, denen es am Nothwendigsten gebricht, welche von ihrer Arbeit keinen andern Lohn haben, als eine üble Aufnahme derselben. Möchten doch nur manche Reiche das eher solchen Armen geben, was sie ihren Hunden und Katzen geben. — Bertha, ich freue mich von ganzen Herzen, wenn unser Herzog eine so brave Gemahlinn bekommt, wie sie sagt; der Herzog ist auch ein gütiger Herr, der sich die Liebe aller seiner Unterthanen schon erworben hat.

Ber-

Bertha. Ja, das ist sie, recht brav ist unsere Gräfinn. Es war ein grosses Glück für uns bognerische Unterthanen alle, daß wir eine so milde, vernünftige und tugendhafte Frau hatten. Sie gieng uns allen mit dem beßten Beyspiel vor; sie lehrte uns dadurch beten, arbeiten und gutthätig seyn.

Kaponi. Arbeitet denn eine so grosse Frau auch etwas, das dem Nebenmenschen nutzen könnte? Die Arbeit gehört ja nur für die gemeinen Leute, die damit ihr Brod gewinnen müssen.

Bertha. Mein Herr Kaponi! Sie ist niemal müßig. — Sie nähet, stricket und spinnet, und hat mit diesen ihren Arbeiten immer Wittwen, Waisen, oder sonst Arme, ja sogar dürftige Gelehrte gekleidet, und zum Theil mit Gnadengeldern beständig unterhalten.

Kaponi. Das ist viel, daß sie eine Zuflucht und Stütze der Gelehrten ist! Dieß ist ja gar kein Thun für Frauenzimmer; dieß hätte vielmehr ihren seligen Herrn angegangen, wenn er doch geglaubt hätte, daß man Gelehrte unterstützen oder aufmuntern sollte. Diese Leute kann man am allerersten entbehren. Ich habe allezeit gehört, gelehrte Leute muß man hungern lassen, damit sie vom Studieren ablassen, und sich auf eine nützlichere Lebensart verlegen.

Bertha. Unser Herr Graf seliger hat die gelehrten Leute auch gern um sich gehabt. Er hat, wie ich gehört hab, öfters gesagt: der Umgang mit Gelehrten mache einen klug und gescheid. — Ich verstehe weiter nichts davon. Sie müssen mirs verzeihen.

Kaponi. Es ist ihr schon verziehen. Der Umgang mit Gelehrten macht einem nur den Kopf verwirrt, und haltet einem von andern Lustbarkeiten ab.

Bertha. Ich habs schon gesagt, ich verstehe es nicht; aber soviel weiß ich, daß unsere Gräfinn
selbst

selbst hoch studiert ist. Sie kann lateinisch, und redet gar schön deutsch, nicht so schlecht, wie wir gemeine Leute. O! sie hat ein gutes Gedächtniß, und einen scharfen Verstand. Sie denket allen Sachen selbst nach und urtheilet richtig; sie hat von allen natürlichen Dingen eine Kenntniß. Mich wunderts weiter nicht, sie stecket beständig in Büchern, wenn sie nicht arbeitet, absonderlich seit dem Tode ihres Herrn.

Kaponi. Hat ihrs denn der Graf seliger gelitten, daß sie soviel gelesen und gearbeitet hat? dieß ist ja keine Lebensart für eine regierende Gräfinn.

Bertha. Ihr Herr seliger? der hat sich selbst ganze halbe Nächte von ihr vorlesen lassen, und die junge Herrschaft hat fleißig dabey seyn, und zuhören müssen. O! ich hätte noch viel von ihr zu sagen, allein ich muß ein wenig in die Kirche gehen, und sehen, ob ich dann gar nichts von dieser herzoglichen Hochzeit zu sehen bekomme.

Kaponi. Bleib sie da; sie kann nicht zukommen um etwas zu sehen, man lasset sie nicht hinein; und zudem wird es ohnedieß bald aus seyn. Sage sie mir noch etwas von der Gräfinn ihren Witwestand.

Bertha. O! den hielt sie heilig. Sie wußte alle Reitzungen ihres noch jungen Alters, und alle Anfechtungen mit Geschäften, arbeiten und betten zu vertreiben. Mein Herr Kaponi! Sie könnens schon aus den Umgang und der Begebenheit mit dem Herzoge abnehmen. Hiezu kömmt noch die Sorgfalt und gute Art mit der sie ihre vaterlosen gräflichen Kinder erzog. Diese ist für sie um so rühmlicher, wie mehr sie bey den pralerischen Erziehungsanstalten unserer Zeit, von den Eltern selbst vernachlässiget wird. Sie bemühte sich, ihre guten Kinder nach den Regeln der klugen Welt, und der ächten Weisheit Gottes zu erziehen; sie stellte für sie taugliche Lehrer an, keine Pedanten oder Bigoten,

ten, wie mans sonst nennt. Sie forschte dem Fortgange ihrer Söhne in Künsten und Wissenschaften nach; prüfte sie selbst darinn; brächte ihnen mit mütterlicher Liebe und Anmuth die Grundlehren der christlichen Religion und edlen Lebensart selbst bey; stärkte sie durch ihr eigenes Beyspiel in Gottesfurcht, Fleiß und Gütigkeit; das drang in die Herzen häufig, und doch nicht gemein, sonderbar, und doch allgemein nützlich. In Wahrheit, Herr Kaponi! die junge Herrschaft ist auch recht wohl gerathen. Und sollten wir bognerische Unterthanen sie jetzt verliehren, so hat sie uns doch in ihrer Nachkommenschaft ihre Tugenden zum Trost hinterlassen. — Doch, ich will gehen, vielleicht sehe ich etwas von der Vermählung, oder sie selbst. Heiter wird ihre Stirne seyn, wie jederzeit, anmüthig und liebreich ihre Augen, einnehmend ihr ganzes äusserliches Betragen; man wird ihr das ungezwungene Bestreben, ihrem neuen Ehegemahle in allen Stücken gefällig zu werden, ansehen. Der ganze Hof wird seine Augen auf sie richten, und ihr dieß grosse Glück gönnen. Freudenthränen werden von den Wangen der Hofleute, wie von den meinigen herabrollen. Ich gehe, Herr Kaponi.

Kaponi. Gehe hin, und weine dir genug. — Es ist in der That nichts schöners, nichts rührenders, als Thränen der Freude von Unterthanen zu sehen, zu einer Zeit, da ihrer Herrschaft ein Glück bevorsteht. Die bognerischen Unterthanen haben wahrhaftig ein Herz, das fähig ist ihre Herrschaft zu lieben. Ströme von Freudenzähern der Unterthanen sind ein unverwerfliches Zeugniß von der guten Regierung ihrer Herrschaft. Wenn die neue Herzoginn gegen die Baiern sich auch so löblich verhaltet, so werden auch die Baiern zeigen, daß sie ein Herz herumtragen, welches die neue Landesfrau als ihre Mutter lieben kann. — Doch ich darf hier nicht zu lang verweilen; ich habe einen Zettel

J bey

bey mir in Taschen, — ich finde ihn nicht gleich, — ich suche hin und her, — wo mein sonntäger Dienst aufgezeichnet ist. — wo ist denn der Zettel? — holla! hier ist er; da stehet geschrieben: Ays ist die Trauung. — Hierauf geschiehet der Zug aus der Kirche ins Gastzimmer, von dort in den Speisesaal zur Tafel; sodann folgt der Ball, und endlich die Abreise des durchlauchtigsten Ehepaars sammt dem ganzen Hofe nach Kelheim. So recht. — Da wird es erst recht lustig zugehen. — Schererey genug für die Hofbediente; aber wir nehmen doch auch Theil an den Lustbarkeiten, und ein schöner Recompenz ist von der großmüthigen Hochzeiterinn auch zu erwarten. — Wie wirds aber dem Zenger und Eckmüller, dem Stichi und Schwarzibini ergehen? Diese sehen Kelheim schwerlich, oder gar nicht mehr. Wenn wir nur einmal wieder zu Kelheim sind; so will ich bey den mächtigsten Hofavoriten für sie Fürspruch suchen, damit, wenn ihnen ja der Hof verbotten wird, aufs wenigst das Leben geschenket werde. (geht ab)

Sechster Auftritt.

Das Gastzimmer. In der Mitte stehen zwey Sessel für den Herzog und die Herzoginn; rechts und links andere für den Bischof und die gräfliche Familie. Man kömmt von der Kopulation in dasselbe um sich bis zur Tafel daselbst noch zu unterhalten. Alle tretten dem Rang und der Ordnung nach, einher. Man höret beym Eintritt ins Zimmer Trompeten und Pauken.

Ludwig. Nun ist es geschehen! eine gute Sache ist geschehen! die priesterliche Einsegnung ist vorbey. Was mancher kaum vermuthete, ist wirklich. Der Hof wird erstaunen!

Conrad.

Conrad. Der blosse Anblick dieses Durchlauchtigsten Ehepaars muß es dem ganzen Hofe, wie uns wahr, und zur größten Freude machen, was wir vorhin nur als möglich glaubten und wünschten.

Berthold. Mir ist just, als wenn mir ein angenehmer Traum wahr würde.

Albert. Diese Ehe entstand aus Neigung und wahrer Liebe, und so eine muß folglich dauerhaft und glücklich seyn.

Hedwig. Diese Liebe vergehet nimmer. Sie dauert ewig.

Luitpold. Wahre Liebe hänget fest an den Gedanken der Ewigkeit. Der weiseste und vernünftigste Grundsatz oder Vortrag macht keinen solchen bleibenden Eindruck, den ein Wort aus Liebe macht. Noch schallts in unsern Herzen wieder, wenn der beste Beweis längst vergessen war.

Ludwig. Das ist richtig. O! wie ahndet und füllts das liebende Herz, wenn sich die Blicke der Liebenden begegnen! wenn sie fühlen daß sie für einander geschaffen, daß ihre Herzen Eins seyn! wenn sie sich Dinge sagen, die sich durch Worte nicht ausdrücken lassen! wenn das Herz sagt: ich liebe dich, werde dich allzeit lieben! — Was sagst Du dazu, meine theuerste, liebste Gemahlinn!

Ludmille. (fällt ihm um den Hals) Nichts! gar nichts, mein Beßter!

Ludwig. Himmelsfreuden lassen sich fühlen, durch reine Liebe! Nun zur Tafel! das erstemal als beglückte Ehegatten.

Ludmille. Gemahl! ehe wir uns zur Tafel setzen, wollen wir ein Werk der Menschenliebe, und der Großmuth thun.

Ludwig. Was soll es seyn?

Ludmille. Ich bitte für die zween herzoglichen im Hausarrest sitzende Minister, dann für den Zauberer und den Stichi. Vergieb, Herzog! diesen unbesonnenen ihre Fehler. Mache Dir auch dieß edle Vergnügen.

Ludwig. Ludmille! du bittest für deine und meine Beleidiger; für diejenigen welche dieses Fest haben hintertreiben wollen!

Ludmille. Es seye! Je grösser die Beleidigung und die Macht des Beleidigten ist, sich rächen zu können, je seliger und edler ist es, solche zu vergeben. Verzeihe ihnen, Herzog! dann wollen wir zur Tafel sitzen; diese Handlung soll unser Hochzeittmahle würzen, und die Feyerlichkeit des Festes erhöhen.

Conrad. Dieß ist das achte Zeichen, daß Euer Durchlaucht eine fürstliche und christliche Seele haben; und des grossen Glückes würdig sind, die Gemahlinn eines Herzogs Ludwig von Baiern zu seyn.

Ludwig. Ich schlage dir heute nicht gern etwas ab, und ich selbst bin zum Wohlthun sehr geneigt; allein Laster müssen bestrafet, wie Tugenden belohnet werden. Strafen will ich sie; doch so, daß sie meine Güte nicht ganz verkennen sollen. — Beyden Ministern wird der Hof verbothen; Stich soll mein Land meiden, und der Zauberer mag in einem Gefängniß sein Leben beschließen, damit er niemand mehr schaden, oder das leichtgläubige Volk betrügen könne.

Ludmille. O Ludwig! an dem Tage, da ich Dich zum erstenmal meinen Gemahl nennen darf, sehe ich Dich als einen gerechten Richter, und gütigen Fürsten; allein ich möchte diese vier Unglücklichen ganz ungestraft, ganz frey sehen, damit heute, an diesen für mich so glücklichen Tag, mit meinem Wissen keine Thränen vergossen werden. Sie haben schaden wollen, aber nicht können, und vielleicht nur aus Unwissenheit oder aus Irrthum. —

Ludwig. Wohlan! sie sollen Gnade haben. Man bringe die Gefangenen hieher. (zum Kaponi, welcher abgeht) So gehts! sobald der Mann

eine

eine Frau hat, so hat er nicht mehr seinen vollkommenen Willen, will die Frau etwas, so bittet, seufzt, weint sie, bis sie das erhält, was sie wünscht, und der Mann wird endlich des Bittens und Seufzens überdrüßig, und thut, was die Frau will. — (er klopft sie auf die Backen) Heute mags so hingehen.

Ludmille. Beßter Herzog! ich werde mich nie in Männer- oder Regentengeschäfte mischen. Ich weiß, des Weibes Loos ist: Unterwürfigkeit und Gehorsam; die Herrschaft gehört dem Manne. Dieses habe ich heute beym Altare wieder gehört. — Ich weiß auch, daß nichts das Ansehen des Mannes so sehr erniedrige, und den Hausfrieden mehr störe, als angemaßte Herrschaft des Weibes; schon im gemeinen Leben, geschweige am Hofe. Nein, dieser Gedanke soll nie in meinen Kopf kommen. Mir stehet zu, für die Ehre meines Gemahls zu sorgen; alle meine Handlungen nach seinem Willen einzurichten, und nur meinem Herrn zu gefallen suchen. (sie faßt ihn ihn bey der Hand und sieht ihn liebreich ins Gesicht) Ists so recht, mein Herzog?

Ludwig. So mags seyn.

Conrad. O welch eine glückliche Ehe muß diese werden! wie wird sich nicht der Segen davon über ganz Baiern verbreiten!

Siebenter Auftritt.

Die vier Arrestanten werden gebracht, zwey mit, und zwey ohne Fesseln. Zenger, Eckmüller, Stichi, Schwarzibini, Die Wache und Amtleute, endlich Kaponi.

Ludwig. Euer Loos ist entschieden, euere Bemühungen sind vereitelt worden, und ihr habt euch dadurch nur strafbar gemacht. Ludmille, die ihr vor euch sehet, ist eure Landesfrau, sie ist meine Gemah-

Gemahlin, durch priesterliche Einsegnung. — Sie ist Herzogin in Baiern. — Was dünket euch? Was erwartet ihr vor eure Vergehungen?

Zenger und Eckmüller. Wir bitten um Gnade, wir bekennen und bereuen unsern Fehltritt. Wir versprechen Besserung, und schämen uns, im Angesichte des ganzen Hofes uns der Huld des besten Landesherrn, und der liebenswürdigsten Landesfrau durch unser Vergehen unwürdig gemacht zu haben.

Stichi und Schwarzibini. Gnädigster Herr, gnädigste Frau! Gnade und Barmherzigkeit an diesem erfreulichen Hochzeittage. Wir erkennen und bereuen unsere schändliche Missethat. Blindheit unseres Verstandes, nicht Bosheit unsers Willens, verleitete uns zu solcher That. Wir wollen uns bessern, und mit allen Kräften uns bemühen, durch Wohlverhalten unser Verbrechen wieder gut zu machen.

Ludwig. So höret dann das Urtheil; nicht jenes, welches ihr verdienet hättet, sondern dieses, welches die landesmütterliche Fürbitte mir in den Mund geleget. Höret, wie Sie sich an euch allen rächet.

Alle viere zusammen. Ach! Erbarmen!

Ludwig. Stehet auf! — alle stehet auf! — Man nehme auch beyden die Fesseln ab. — Von mir, und von meiner Gemahlin sind euch alle eure Beleidigungen auf ewig vergessen. — Zenger und Eckmüller, ihr bleibt beyde in euren vorigen Ehrenstellen. — Schwarzibini wird von mir unter die neuen Landschulmeister, mit einem jährlichen und hinlänglichen Gehalt aufgenommen, bis dahin aber dem Herrn Bischofe übergeben, damit er in der christlichen Lehre besser unterrichtet werde, und seinen heidnischen Aberglauben abschwöre. — Stichi, der besser zur Bedienung der Pferde, als seines Herrn, und seiner Frau gebraucht werden kann, soll mit Beybehaltung seines vorigen Gehalts beym

Hof-

Hofstalle angestellet werden, jedoch mit der vorläufigen Ermahnung, einer grössern Ehrfurcht und Treue gegen seine Landesherrschaft sich um so mehr zu befleissigen, da sein Naturel uns wenig Gutes sonst von ihm hoffen läßt. Und dies ist das Urtheil, welches ihr meiner Gemahlin größtentheils zu verdanken habt.

Der ganze Hof schreyet zusammen: Es lebe der Herzog Ludwig, es lebe die Herzogin Ludmille.

Zenger, Eckmüller, Stichi, Schwarz. Unterthänigsten Dank, gnädiger Landesherr, gnädigste Landesfrau.

Zenger und Eckmüller. Mit Gut und Blut wollen wir unsere künftige Treue beweisen.

Stichi und Schwarz. Lebenslängliche Dankbarkeit, Treue und Dienstbeflissenheit biethen wir an, zum Unterpfand unserer versprochenen Besserung.

Conrad. Die ganze Welt nehme ein Beyspiel, wie man sich an seinen Beleidigern auf christliche Art rächen soll.

Luitpold. So wie Gott über die Gerechten und Ungerechten die Sonne aufgehen läßt, so verbreitet heute unser Durchlauchtigstes Brautpaar die Strahlen Ihrer Mildthätigkeit.

Berth. Wir sehen schon, daß wir am Herzog Ludwig keinen Stiefvater, sondern einen wahren Vater haben werden, der durch seine Gewalt uns und unsere Unterthanen glücklich machen wird.

Albert. O glückseliges Eheband, welches zwey Herzen also verbindet, daß der Wink des einen für den andern Theil die Richtschnur seines Willens sey?

Hedwig. O wunderbare Fügung Gottes, welcher just zu einer Zeit unserer Frau Mutter einen Gemahl gab, wo Sie ihre angebohrne mütterliche Huld gegen vier Unglückselige im vollen Lichte hat sichtbar machen können.

Lud-

Ludwig. Liebſte Gemahlin? biſt du nun zufrieden?

Ludmille. So ſehr, daß ich glaube, der heutige Tag ſey der glücklichſte meines Lebens, ich danken dir herzlich dafür.

Ludwig. Nun wollen wir zur Tafel. Zenger und Eckmüller, ihr ſpeiſet auch mit.

Zenger. Der Himmel, der mit ſeiner heutigen Heiterkeit das Hochzeitfeſt verherrlichet, erwiedere dieſe höchſte Gnadenbezeugung mit einem Prinzen, deſſen Nachkommenſchaft Baiern in beſten Flor und Wohlfahrt bis in das ſpäteſte Menſchenalter regiere!

(Ludwig nimmt Ludmillen untern Arm, und alle gehen der Ordnung nach ab.
Der Vorhang fällt zu.